兰州财经大学丝绸之路经济研究院2020年度重点科研项目
“黄河流域甘肃段生态保护和高质量发展研究”（JYYZ202001）
甘肃省软科学项目“黄河流域生态保护与高质量发展测度及协调推进策略研究”（20CX9ZA048）
2021年陇原青年创新创业人才团队资助项目“黄河流域甘肃段生态保护和高质量发展测度与协调性研究”
甘肃省教育厅“双一流”科研重点项目
“甘肃省高质量发展的统计测度、战略选择及实现路径”（GSSYLXM-06）阶段性研究成果

1952-2022
建校七十周年
THE 70th ANNIVERSARY OF LZUFE
兰州财经大学

文库
学术

基于新发展理念的经济高质量发展测度与长效机制研究

韩　君◎著

中国财经出版传媒集团
经济科学出版社
Economic Science Press

图书在版编目（CIP）数据

基于新发展理念的经济高质量发展测度与长效机制研究／韩君著．—北京：经济科学出版社，2021.12
（兰州财经大学学术文库）
ISBN 978－7－5218－3316－4

Ⅰ.①基…　Ⅱ.①韩…　Ⅲ.①中国经济－经济发展－研究　Ⅳ.①F124

中国版本图书馆 CIP 数据核字（2021）第 261867 号

责任编辑：杜　鹏　常家凤
责任校对：齐　杰
责任印制：邱　天

基于新发展理念的经济高质量发展测度与长效机制研究
JIYU XINFAZHAN LINIAN DE JINGJI GAOZHILIANG
FAZHAN CEDU YU CHANGXIAO JIZHI YANJIU
韩　君◎著
经济科学出版社出版、发行　新华书店经销
社址：北京市海淀区阜成路甲 28 号　邮编：100142
编辑部电话：010－88191441　发行部电话：010－88191522
网址：www.esp.com.cn
电子邮箱：esp_bj@163.com
天猫网店：经济科学出版社旗舰店
网址：http://jjkxcbs.tmall.com
北京联兴盛业印刷股份有限公司印装
710×1000　16 开　11 印张　200000 字
2021 年 12 月第 1 版　2021 年 12 月第 1 次印刷
ISBN 978－7－5218－3316－4　定价：59.00 元
（图书出现印装问题，本社负责调换。电话：010－88191545）

序　言

改革开放以来，我国经济高速增长的主要原因是劳动力、土地、环境的低成本，从而吸引发达国家跨国公司将制造业转移到我国；现在我国劳动力等要素成本持续上升，要素低成本的吸引力、驱动力明显减弱，正面临高中端制造业向发达国家回流、中低端制造业向成本更低的发展中国家转移的两头挤压。同时，我国资源约束日益趋紧，环境承载能力接近上限，依靠要素低成本的粗放型、低效率增长模式已经不可能持续。因此，由高速增长阶段转向高质量发展阶段，是我国经济在30多年高速增长之后突破结构性矛盾和资源环境瓶颈，实现更高质量、更有效率、更加公平、更可持续发展的必然选择，也是我国实现社会主义现代化的必由之路。

本书以新时代经济高质量发展五大理念为依据，对我国经济高质量发展进行系列研究。首先，通过对经济高质量发展有关文献的回顾，界定经济高质量发展的内涵，在此基础上选取相应指标，构建了经济高质量发展评价指标体系；采用熵权－TOPSIS法对经济高质量发展水平进行测度；通过建立空间面板模型进行回归分析，分析经济高质量发展的驱动因素。其次，研究重点区域的经济高质量发展，主要包括长江经济带、黄河流域和东北地区。再次，测度重要领域经济的高质量发展，构建了能源高质量发展评价体系，对能源高质量发展水平进行分析；通过运用空间相关性方法和地理加权回归模型，进行经济高质量发展背景下区域能源消费的测度。最后，根据五大发展理念，分析经济高质量发展的推进路径；并根据前述内容得出结论，提出相应建议。主要得到如下几点结论。

第一，经济高质量发展是由创新发展、协调发展、绿色发展、开放发展和共享发展构成的有机体系。基于对我国经济高质量发展水平的测度结果进行特征分析，从各个维度方面来看，我国绿色发展最好，其次是协调发展，再次是共享发展，最后是开放发展、创新发展。

第二，基于经济高质量发展的丰富内涵，分别以发展动力、发展结构和发展效率对我国经济高质量发展的影响进行理论分析，结果表明，经济高质量发展水平取决于地区的地理环境和地形特征等多个方面，三大驱动因素的影响效应与地区所处的地理位置、发展水平和特色产业等有关。

第三，长江经济带高质量发展水平从总体来看呈上升的趋势，但仍处于较低的水平，且各区域间存在较强的异质性。黄河流域高质量发展水平不足，五大子系统中社会民生水平最高，民生改善效果较为出色，而文化建设较差，居民享有文化资源不足，文化产业发展水平较低。东北地区高质量发展水平不高，从总体来看呈现平稳态势，五大维度中，创新发展和协调发展水平相对较高。

第四，我国能源高质量发展综合水平整体良好，但不同省份之间又存在较为明显的空间差异，表现为由东部地区向中西部地区逐步降低的趋势，呈现出“东高、中西低”的区域分布格局。

第五，在经济高质量发展背景下能源消费的变化方向和程度取决于区域所处的发展阶段和发展水平。中国人均能源消费水平和能源消费结构呈现北方“高—高”集聚，南方“低—低”集聚的分布特征，邻近省份空间相关性较强，空间联系的紧密程度在提升；不同区域产业协调发展对能源消费的影响存在着显著的时空差异。

在新发展阶段和新发展格局下，促进我国经济高质量发展需要以新发展理念为指导，统筹考虑国民经济发展的全过程、各环节，基于此，主要提出如下几点建议。

第一，以基础研究为主要抓手推动创新发展。创新是引领发展的第一动力，是建设现代化经济体系的战略支撑。要瞄准世界科技前沿，强化基础研究，实现前瞻性基础研究、引领性原创成果重大突破。提升企业技术创新能力，着力提升原始创新能力，积极参与基础研究、应用基础研究和前沿高技术研究等；促进企业创新意识尤其是原始创新意识的觉醒，鼓励企业参与前沿、原创的基础研究，加大基础研究投入，提升企业在基础研究领域的贡献率，形成全域性科技研发格局。

第二，以区域跨界治理为联动模式推动协调发展。长江经济带是我国重要的生态保护屏障，应在“共抓大保护，不搞大开发”的前提下，因地制宜地突出各个省份的发展优势与建设重点，促进上、中、下游区域的差异化协同发展。黄河流域经济高质量发展作为我国区域经济协调发展的重要组成部分，由于黄河流域各省份在地理条件、社会经济发展水平、基础设施建设完善程度、资源禀赋水平以及国内分工等方面存在着差异，因此，黄河流域整体与内部各省份需要综合考虑地区不同的定位与特点等因素，以制定适合于本区域的高质量发展对策。东北地区是我国区域发展战略的重要组成部分，东北地区要从思想上打破体制性束缚，树立竞争意识、创新意识、人才意识等；通过加强区域合作，搭建面向东北亚地区的区域合作平台，积极引进外资和技术，转换新旧动能，大力培育发展创新型产业，促进企业成为市场经济的主体。

第三，以完善能源定价机制为改革方向推动绿色发展。在能源供求矛盾日益突出，生态环境问题日益严重的形势下，建立与生态环境质量联动的能源资源定价体系，对于推动我国的绿色发展具有重要的理论和现实意义。要实现可持续的发展战略，就必须走可持续的发展模式。为保证可持续发展目标的实现，在对能源资源进行定价时，应考虑生态环境的约束，保持与生态环境质量之间的动态联系。

第四，以双循环战略为重要依据推动开放发展。开放的内涵是双向开放，打造“双循环”意味着我们既强调对外开放，又强调对内开放。因此，要准确把握当前国际国内形势变化，促进国内国际双循环；把改革开放与双循环紧密结合，以更大力度的改革开放，推动形成以国内大循环为主体、国内国际双循环相互促进的新发展格局。

第五，以满足人民美好生活为根本目标推动共享发展。高质量的经济发展应使人民收入水平持续提高、人民共享发展成果。实现共享发展理念，要提高人民收入水平，增强公共服务供给，坚持普惠性、保基本、均等化可持续发展。在教育、就业、社保、医疗等方面着重加强服务；建设高质量教育体系，强化就业优先政策，着力解决就业难、难就业等问题，营造更多就业岗位，规范完善公平公正就业体制；健全多层次社会保障体系。

本书共由11章组成，其中，第一章、第二章、第十章和第十一章由高瀛璐撰写；第三章和第四章由韦楠楠和颜小凤撰写；第五章由杨鑫环撰写；第六章由杜文豪、韩君撰写；第七章由韦楠楠撰写；第八章由吴俊珺、韩君撰写；第九章由韩君、张慧楠撰写；全书由韩君统稿。

最后，需要说明的是，限于作者的理论水平和研究视野，在研究思路、研究方法上还需要进一步拓展和完善，真诚欢迎广大读者批评指正！

笔　者

2021 年 11 月

目　　录

第一篇　总论

第二篇　中国经济高质量发展测度与因素分析

第三篇　重点区域经济高质量发展测度

第四篇　重要领域经济高质量发展测度

第五篇　结语

第一篇

总　论

党的十九大以来，习近平总书记围绕推动经济高质量发展作出了系列重要论述，彰显了理论联系实际的马克思主义学风和与时俱进的理论品质。改革开放以来，我国经济高速增长的主要原因曾是劳动力、土地、环境的低成本，从而吸引发达国家跨国公司将制造业转移到我国；而现在我国劳动力等要素成本持续上升，要素低成本的吸引力、驱动力明显减弱，正面临高中端制造业向发达国家回流、中低端制造业向成本更低的发展中国家转移的两头挤压。同时，我国资源约束日益趋紧，环境承载能力接近上限，依靠要素低成本的粗放型、低效率增长模式已经不可能持续。当今世界，新一轮科技革命和产业变革正在蓬勃兴起，我们只有加快科技创新和产业转型升级步伐，才能在激烈的国际竞争中赢得主动，才能加快推进现代化事业，这也迫切需要加快推进我国经济高质量发展。因此，由高速增长阶段转向高质量发展阶段，是我国经济在30多年高速增长之后突破结构性矛盾和资源环境瓶颈，实现更高质量、更有效率、更加公平、更可持续发展的必然选择，也是我国实现社会主义现代化的必由之路。

本篇对经济高质量发展相关研究文献进行系统梳理、归纳和总结，并详细地对经济高质量发展内涵、测度与驱动因素的研究文献进行综述，在此基础上提出研究的出发点。同时，本篇对本书的研究方法与研究思路、研究内容的安排、可能的创新与不足等问题进行简述，以作为整本书的研究导引。

第一章　研究概述

经济高质量发展是我国进入新时代经济强国建设的根本要求，核心思想是坚持以习近平新时代中国特色社会主义经济思想为指导，坚持质量第一、效益优先的发展方针，处理好社会主义与市场经济、先富与共富、政府与市场、公平与效率、短期增长与长期发展、国内与国际经济、经济发展与生态环境等若干重大关系。关于经济高质量发展的研究，是具有重大现实意义和理论价值的研究课题，很多学者已经从不同方面对经济高质量发展进行了研究，本书在总结以往学者研究的基础上以新发展理念为出发点进行研究。本章主要对本书的研究背景与意义、研究思路与主要内容进行重点介绍，最后对本书的创新与不足之处进行总结与分析。

第一节　研究背景与意义

一、研究背景

中华人民共和国成立以来，我国经济社会发展取得了举世瞩目的成就，但在发展的过程中也出现了一些问题。粗放式增长带来的资源、环境压力不断增大，低端产能过剩与高端供给不足的结构性矛盾日益突出，科学技术和创新能力与发达国家相比还有较大差距，城乡区域发展不平衡和收入分配差距较大等问题已经成为影响经济协调发展的制约因素。习近平总书记在中国共产党第十九次全国代表大会所作的《决胜全面建成小康社会　夺取新时代中国特色社会主义伟大胜利》报告中指出：“我国经济已由高速增长阶段转向高质量发展阶段，正处在转变发展方式、优化经济结构、转换增长动力的攻关期，建设现代化经济体系是跨越关口的迫切要求和我国发展的战略目标。”① 同时也提出了创新、协调、绿色、开放、共享的新发展理念。2018 年国务院政府工作报告指出：“按照高质量发展的要求，统筹推进‘五位一体’总体布局和协调推进‘四个全面’战略布局，坚持以供给侧结构性改革为主线，统筹推进稳增长、促改革、调结构、惠民生、防风险各项工作。”② 国家的很多战略部署基于经济高质量发展，这是符合我国目前经济发展阶段的，经济高质量发展是现阶段我国发展经济的预期目标。突如其来的新冠疫情，给我国经济带来了前所未有的巨大冲击，但是并没有动摇我国长期稳定发展的坚实基础，在应对疫情的过程中催生并推动了很多新产业新业态的快速发展，这是产业结构的调整和优化，也是经济发展结构和方式的优化。2020 年 4 月，习近平总书记在陕西调研时强调，要加快转变经济发展方式，把实体经济特别是制造业做实做强做优，围绕产业链部署创新链、围绕创新链布局产业链，推动经济高质量发展迈出更大步伐。③

二、研究意义

基于新发展理念的视角，探究高质量发展的内涵和判断标准，构建评价指标体系测度新时代我国经济高质量发展水平，根据测度结果进行时空特征分析，并进行影响因素分析，在此基础上对重点区域和重点领域高质量发展进行具体分析，并提出进一步优化的建议，具有重要的理论价值和现实意义。

（一）理论价值

当前，世界经济处于技术革命向商业化转变的关键期，中国经济已由高速增长阶段转向高质量发展阶段。党的十九大报告中明确提出，要进一步明确新时代我国经济发展的基本特征，作出推动高质量发展的重大部署。推动高质量发展是对我国经济发展阶段变化做出的一个重大判断，为今后我国经

① 习近平．决胜全面建成小康社会　夺取新时代中国特色社会主义伟大胜利——在中国共产党第十九次全国代表大会上的报告［J］．理论学习，2017（12）：4－25.

② 中共中央、国务院．政府工作报告——2018 年 3 月 5 日在第十三届全国人民代表大会第一次会议上［EB/OL］（2018－3－22）［2024－01－19］．https：//www. gov. cn/zhuanti/2018lh/2018zfgzbg/zfgzbg. htm.

③ 推动经济高质量发展迈出更大步伐［J］．理论与当代，2020（5）：1.

济发展指明了方向、提出了任务，研究经济高质量发展对我国经济向高质量发展阶段迈进具有重大意义。目前，我国经济发展质量理论研究较为滞后，尚未形成高质量、系统的现代化经济发展质量理论体系，我国经济正处于由高速增长阶段转向高质量发展阶段，需要对经济高质量发展的内涵、规律、指标体系等进行科学的界定和分析。

自党的十九大以来，对经济高质量发展的研究逐渐成为一个热点，相关研究不仅包括全国层面，而且包括重点区域和重点领域方面，但是相应的理论研究整体上处于初始阶段，对经济高质量发展的相关研究主要集中在内涵解读、评价指标体系的构建以及发展水平测度和影响因素的分析上。但是，对我国总体、重点区域和重要领域经济高质量发展水平的研究较少，对于经济高质量发展水平的评价还不够全面，不能很好地反映出我国经济高质量发展的水平，因此，不能全面深刻地分析我国经济高质量发展；缺少对我国经济高质量发展长效机制的研究，不能满足经济高质量发展的需要。本书所做的主要工作就是基于高质量发展理念，将我国整体经济高质量发展、经济高质量发展驱动因素分析，以及重点区域、重要领域的经济高质量发展研究整合在一起，全面、系统地研究我国经济高质量发展。从全国层面阐述经济高质量发展内涵、构建指标体系测度全国高质量发展水平，并从发展动力、发展结构和发展效率三个方面探究高质量发展的影响机制；在重点区域和重要领域方面，结合重点区域和重点领域自身特点，阐述其经济高质量发展的内涵，构建相应的指标体系测度其经济高质量发展水平，并分析时空特征和发展规律。最后，论述我国经济高质量发展的长效机制，弥补现有研究的不足。

综上，本书研究完善了全国层面、重点区域和领域方面在经济高质量发展内涵、评价体系构建和影响因素的研究，弥补了目前我国经济高质量发展长效机制研究的不足，为相关学者提供了一定的借鉴；为贯彻新发展理念，建设现代化经济体系，推动我国经济高质量发展具有重要意义。

（二）现实意义

由高速增长阶段转向高质量发展阶段，是我国经济在30多年高速增长之后突破结构性矛盾和资源环境瓶颈，实现更高质量、更有效率、更加公平、更可持续发展的必然选择，也是我国实现社会主义现代化的必由之路。推动长江经济带、黄河流域、东北地区等重要领域高质量发展，在践行新发展理念、构建新发展格局、推动高质量发展中发挥重要作用。如何实现高质量发展是政府和学术界一直关注的焦点，而实现高质量发展的关键在于发现目前我国各地区、各领域在经济发展过程中存在的问题，针对问题提出相关措施。本书基于对全国、长江经济带、黄河流域、东北地区以及高质量发展背景下区域能源消费的水平进行测度分析，探讨其高质量发展现状及存在的问题，并根据分析总结出我国高质量发展的长效机制，据此提出相关可行建议，对推动我国经济高质量发展具有一定的现实意义。

第二节　研究思路与研究内容

一、研究思路

本书以习近平总书记提出的新时代经济高质量发展五大理念为依据，对我国经济高质量发展进行了一系列的研究。首先，通过对经济高质量发展有关文献的回顾，界定经济高质量发展的内涵，在此基础上选取相应指标，构建了经济高质量发展评价指标体系；采用熵权 - TOPSIS 法对经济高质量发展水平进行测度；通过建立空间面板模型进行回归分析，分析经济高质量发展的驱动因素。其次，研究重点区域的经济高质量发展，主要包括长江经济带、黄河流域和东北地区。再次，对重要领域经济高质量发展进行测度，构建了能源高质量发展评价体系，对能源高质量发展水平进行分析；通过运用空间相关性方法和地理加权回归模型，进行经济高质量发展背景下区域能源消费的测度。最后，根据新发展理念，分析经济高质量发展的推进路径，并根据前述内容得出结论，提出相应建议。

二、研究内容

根据“对经济高质量发展问题的介绍→我国整体经济高质量发展→重点区域经济高质量发展→重要领域经济高质量发展→总论”这一研究路线，可将研究内容主要分为五个篇章，各篇章研究内容如下。

第一篇为总论。主要就研究背景与意义、研究思路与研究内容、可能的创新与局限性、文献综述与研究方法等问题进行阐述，从总体上对本书的研究脉络进行描述和展示。

第二篇为中国经济高质量发展测度与因素分析。从我国整体角度研究经济高质量发展水平与驱动因素，通过构建基于新发展理念的经济高质量发展指标体系，进行基于区域平衡视角的时空分析；探究了我国经济高质量发展水平的时空分布特征。从发展动力、发展结构、发展效率三个方面分析中国经济高质量发展的驱动因素。

第三篇为重点区域经济高质量发展测度。通过构建长江经济带高质量发展指标体系，对长江经济带高质量发展空间特征和五大方面发展指数进行了分析；通过构建黄河流域经济高质量发展指标体系，测度分析了黄河流域各省份经济高质量发展水平的基本特征和内部差异；基于东北地区经济高质量发展内涵，测度东北地区各省份经济高质量发展水平，分析其时空特征。

第四篇是重要领域经济高质量发展测度。在深入分析能源高质量发展内涵的基础上，构建了中国能源高质量发展评价指标体系并进行实证测度；分析我国能源高质量发展总体态势及其在清洁低碳、经济高效、安全可靠三大维度的表现和空间分布规律。同时，构建了经济高质量发展背景下能源消费的理论分析框架；从经济高质量发展的视角，对不同区域能源消费的空间相关性与空间异质性进行测度分析。

第五篇是结语。就经济高质量发展推进路径进行了五大方面的研究，探讨经济高质量发展需要把握的重要关系，并构建其长效机制。最后对本书主要结论进行概述，提出相应的对策建议。

第三节　可能的创新与局限性

一、可能的创新

中国经济高质量发展问题是一个内容丰富、现实意义大、研究难度大的课题。本书从中国整体经济高质量发展、重点区域及重要领域经济高质量发展、经济高质量发展推进路径研究这几个方面入手，研究经济高质量发展问题；试图在深入剖析经济发展质量内涵及相关理论的基础上，立足于现实和实际推进的角度，对其进行研究。可能的创新主要有以下几个方面。

第一，在新时代发展背景下，对经济高质量发展内涵的阐释和界定。在新时代的发展背景下，经济高质量发展是以“创新、协调、绿色、开放、共享”新发展理念为指导，经济全面、高质量发展的一种经济发展模式和质态；是由创新发展、协调发展、绿色发展、开放发展和共享发展构成的有机体系。其中，创新发展是经济高质量发展的动力来源，协调发展是经济高质量发展的核心要素，绿色发展是经济高质量发展的主要路径，开放发展是经济高质量发展的外部推力，共享发展是经济高质量发展的根本目标。

第二，在经济高质量发展背景下，提出中国经济高质量的驱动因素主要为发展动力、发展结构、发展效率三个方面。在传统的以经济增长数量为目标的发展背景下，人们通常将经济高质量发展的影响因素归结为劳动、资本、技术等生产要素，关于其驱动因素的分析多侧重于从特定因素、区域和领域入手，缺乏整体把控。在经济高质量发展背景下，驱动因素的分析还需要从因素的选择、区域的扩大、领域的延伸方面进行改善，对我国经济高质量发展驱动因素进行全面分析。

第三，针对不同问题，建立重点区域、重要领域的经济高质量发展指标体系。把握长江经济带、黄河流域、东北地区以及我国能源经济高质量发展的内涵，构建新时代背景下长江经济带、黄河流域以及中国能源高质量发展指标体系，为推动重点区域和重要领域经济高质量发展提供有力的决策支撑。

第四，对长江经济带、黄河流域和东北地区重点区域的经济高质量发展进行测算。现有关于长江经济带各省市高质量发展的测度研究较少，且现有研究不能全面系统地反映新发展理念下的经济质量增长。通过对长江经济带经济高质量发展水平进行实证测度，探讨其发展水平与区域差异问题，把握长江经济带经济高质量发展现状和分布规律。通过测算黄河流域经济高质量发展总体水平及其在绿色发展、经济发展、社会民生、文化建设、生态安全子系统的表现，分析其空间分布规律，为把握黄河流域各省份的高质量发展水平与规律、推进黄河流域经济高质量发展提供依据。基于东北地区高质量发展内涵的一般性和特殊性论述其高质量发展现状，通过测算各省份高质量发展水平，分析各省份高质量发展水平及五大维度发展水平的时空特征。

第五，构建经济高质量发展背景下能源消费的理论分析框架，为定量测度能源消费提供理论依据。在经济高质量发展背景下探讨能源消费问题，将影响能源消费的因素分为内部因素、外部因素和技术因素三个方面。其中，内部因素主要是指由经济系统内部自身发展水平和发展方式转变而引起的能源消费变动，包括协调发展、绿色发展和共享发展三个方面；外部因素是指由与经济系统相关的外部作用力推动，主要是开放发展方面；技术因素是指由技术创新引起的能源消费变动，主要是创新发展方面。

二、局限性

首先，在新发展理念背景下，对我国经济高质量发展水平进行测度，主要使用熵权－TOPSIS 法，测度方法较为单一。其次，在经济高质量发展驱动因素的分析过程中，由于目前对经济高质量发展驱动因素的理论研究仍处于起步阶段，对其评价指标体系的构建没有统一的标准，因此，对经济高质量发展驱动因素的指标分析还有进一步的研究空间。

第二章　文献综述与研究方法

本章主要介绍和阐述经济高质量发展内涵、测度与驱动因素的相关文献，并对前人的研究成果进行综述，认为新时代经济高质量发展是以“创新、协调、绿色、开放、共享”五大发展理念为指导，经济全面、高质量发展的一种经济发展模式和质态，是由创新发展、协调发展、绿色发展、开放发展和共享发展构成的有机体系。其中，创新发展是经济高质量发展的动力来源，协调发展是经济高质量发展的核心要素，绿色发展是经济高质量发展的主要路径，开放发展是经济高质量发展的外部推力，共享发展是经济高质量发展的根本目标；对经济高质量发展影响因素的分析要从发展动力、发展结构和发展效率三个方面着手。同时，对本书的主要研究方法进行介绍。

第一节　文献综述

经济学界关于经济高质量发展的论述和阐释，经历了由简单到复杂、由单维到多维、由片面到比较全面、由模糊到清晰的演变过程；具体可分为经济增长质量、经济发展质量和经济高质量发展三个阶段。本书分别对关于经济高质量发展内涵、测度及驱动因素的研究文献进行述评。

一、经济高质量发展内涵研究

关于经济增长质量的研究。经济学界对经济增长数量问题的研究已有200多年的历史，而对于经济增长质量问题的研究则始于20世纪末，因此，早期对经济增长质量内涵的界定正是相对于经济增长数量提出的。目前，对经济增长质量内涵的阐述主要表现为狭义经济增长质量和广义经济增长质量两种形式。持有狭义观点的学者认为，经济增长质量是指经济增长的效率或效益，通常用全要素生产率或劳动生产率来衡量和测度；比较有代表性的有王积业（2000）、刘亚建（2002）、张长征和孔进（Zhang and Kong，2010）、陈诗一和陈登科（2018）。持有广义观点的学者认为，经济增长质量是一种规范性的价值判断，是除经济增长数量以外的所有内容，包括教育、健康、环境、法律、秩序等，通常用综合评价指标体系来衡量和测度；比较有代表性的有巴罗（Barro，2002）、刘树成（2007）、钞小静和惠康（2009）、钞小静和任保平（2011）。广义经济增长质量相对于狭义经济增长质量从内容上看会更全面一些，但是由于其自身外延的不确定性，在实践中往往缺少统一的评判标准。

关于经济发展质量的研究。经济发展质量概念介于经济增长质量与经济高质量发展之间，主要原因是经济发展从内容范畴上与经济增长是包含与被包含的关系，同时由于广义经济增长质量的外延不确定性，使用经济发展质量衡量经济发展的质量状态也就成为必然。比较有代表性的观点有：童纪新和王青青（2018）从规模性、协调性、开放性和共享性四个维度构建经济发展质量指数衡量经济发展质量水平；宋明顺等（2015）从与微观质量（产品质量）对比的角度出发，提出宏观质量的概念，并通过竞争质量、民生质量、生态质量三个维度构建宏观质量指数来测度经济发展质量；钞小静和薛志欣（2018）认为，经济发展质量是经济发展过程中经济、社会与自然三个系统之间相互协调形成的质态，并通过测算经济指数、社会指数、自然指数构建经济发展质量指数衡量各系统之间的协调发展状况。

关于经济高质量发展的研究。高质量发展是习近平总书记在党的十九大报告中首次提出的，理论界主要围绕着新时代五大发展理念和“为人民日益增长的美好生活需要和不平衡不充分的发展之间的矛盾”两个方面进行阐述和研究。形成的比较有代表性的观点有：金碚（2018）认为，高质量发展更加注重产品和经济活动的使用价值及其质量合意性，能够更好地满足人民不断增长的真实需要的经济发展方式、结构和动力状态；魏敏和李书昊（2018）考虑现阶段中国经济建设存在的实际问题，并结合新时代中国经济高质量发展的指导思想与理念，从经济结构优化、创新驱动发展、资源配置高效、市场机制完善、经济增长稳定、区域协调共享、产品服务优质、基础设施完善、生态文明建设和经济成果惠民十个方面构建经济高质量发展水平测度体系；李金昌（2019）从“人民美好生活需要”和“不平衡不充分发展”，即当前社会主要矛盾的两个方面着手，构建了由经济活力、创新效率、绿色发展、人民生活、社会和谐五个方面构成的高质量发展评价指标体系。

二、经济高质量发展测度研究

关于经济高质量发展水平测度的研究，不同的学者从全国、省（区、市）、特定区域对高质量发展进行测度。从全国来看，比较有代表性的有：钞小静和任保平（2011）从与经济发展紧密相关的经济内容着手，构建由经济增长的结构、稳定性、福利变化与成果分配、资源利用与生态环境四个维度构成的指标体系，并对1978～2007年中国各省份的经济增长质量水平进行了测度和排序。肖仁桥等（2020）基于新时代中国经济高质量发展内涵，构建指标体系并实证分析2008～2017年国内30个省份经济高质量发展水平差异及空间相关性，并选取三种空间计量模型分析各创新指标对经济高质量发展的影响机制。师傅和任保平（2018）选取涉及社会成果、经济增长的基本面两个维度的指标，测算我国经济增长质量，得出我国经济发展不平衡趋势不容乐观的结论。马茹和罗晖（2019）从高质量供给、高质量需求、经济运行、对外开放、发展效率五个维度构建了15个指标，对中国经济高质量发展的总体态势和各分维度表现进行了测度和分析。

从省（区、市）角度进行测度的有：许永兵（2019）从经济高质量发展的核心要义和着力点两个方面入手，构建了由创新驱动、经济稳定、经济活力、结构优化、生态友好和民生改善六个维度构成的经济高质量发展评价指标体系，对河北省经济高质量发展水平进行测度。程莉和王琴（2020）以重庆市为研究对象构建了基于“五大发展理念”的经济高质量发展指标体系，采用主成分分析方法对重庆经济高质量发展进行了测度与评价，然后构建计量经济模型进一步实证检验了重庆“产业—城乡—消费”三维经济结构变迁对经济高质量发展的影响效应。童纪新和王青青（2018）通过构建经济发展质量的指标核算体系，基于2005～2016年中国重点城市群，构建动态面板模型和门槛模型，采用SYS-GMM进行实证检验，以此来探究雾霾污染、环境规制与经济高质量发展的关系。欧进锋（2020）从“五大发展理念”出发，构建20个经济高质量发展指标体系，利用熵权－TOPSIS法测度了广东省经济发展质量指数。

从特定区域来看，比较有代表性的有：杨仁发（2019）考虑新时代长江经济带建设存在的主要问题，并结合现阶段长江经济带高质量发展的新要求和内涵，从经济活力、创新效率、绿色发展、人民生活和社会和谐五个方面构建经济高质量发展测度体系。韩君等（2020）测算了黄河流域高质量发展总体水平及其在绿色发展、经济发展、社会民生、文化建设、生态安全子系统的表现，并分析空间分布规律。李文星和韩君（2020）从“五大发展理念”出发构建创新、协调、绿色、开放、共享五个维度的指标来测度黄河流域的高质量发展水平。韩君和吴俊珺（2020）在深入分析能源高质量发展内涵的基础上，构建中国能源高质量发展评价指标体系，并采用熵权－TOPSIS法进行实证测度，分析2017年国内30个省份能源高质量发展总体态势及其在清洁低碳、经济高效、安全可靠三大维度的表现。未良莉（2020）从基本面和社会成果两个方面构建长江经济带高质量发展评价指标体系，运用熵权法、Dagum基尼系数、空间统计分析方法进行实证测度。

三、经济高质量发展驱动因素研究

经济学界关于经济高质量发展的研究，主要集中在内涵阐释和水平测度两方面，针对经济高质量发展驱动因素研究的文献尚少。关于经济高质量发展驱动因素的研究，多侧重于探讨特定因素对经济高质量发展的影响，王慧艳等（2019）运用网络WSBM模型对国内30个省份科技创新驱动经济高质量发展的绩效水平进行测算，然后选用截面Tobit模型分析科技创新对经济高质量发展的影响；肖仁桥等（2020）以国内30个省份为研究对象，基于新时代中国经济高质量发展内涵构建指标体系，并选取3种空间计量模型分析各创新指标对经济高质量发展的影响机制；何冬梅和刘鹏（2020）选取2000～2017年中国省级面板数据，利用两步系统广义矩估计分析了人口老龄化、制造业转型升级与经济高质量发展之间的关系，发现人口老龄化会抑制经济高质量发展，而制造业转型升级可以缓解该抑制作用。有些学者探究了特定区域或地区经济高质量发展的驱动因素，华坚和庞丽（2020）以长江经济带2007～2017年经济高质量发展水平为因变量，以科技金融发展指数为协变量，运用单因素协方差法分析了经济高质量发展水平。部分研究探讨了特定领域经济高质量发展的驱动因素，崔连伟（2020）、林宏伟和邵培基（2019）研究了区块链对数字经济高质量发展的影响；崔曦文和朱坚真（2020）、秦琳贵和沈体雁（2020）对影响我国海洋经济高质量发展的因素进行了剖析；杜相宏和周咏梅（2020）、胡小平（2020）对民营经济高质量发展影响因素进行了研究。

通过对现有文献的梳理与分析，发现自党的十九大以来，经济高质量发展的相关研究逐渐成为热点，研究重点主要集中于高质量发展内涵以及对经济高质量发展评价方面。目前，对长江经济带、黄河流域、东北地区及能源的经济高质量发展测度的研究较少，对经济高质量发展评价指标的构建没有统一的标准，关于其驱动因素的分析多侧重于从特点因素、区域和领域入手，缺乏整体把控。综上，本书研究认为新时代经济高质量发展是以“创新、协调、绿色、开放、共享”五大发展理念为指导，经济全面、高质量发展的一种经济发展模式；对经济高质量发展驱动因素的分析应从发展动力、发展结构和发展效率三方面着手；基于五大理念构建整体的、重点区域和重要领域的经济高质量发展指标体系并对其进行测度，为推进基于新发展理念下的经济高质量发展提供决策支撑。

第二节　研究方法

本书以习近平总书记提出的经济高质量发展五大发展理念为出发点，对我国经济高质量发展水平进行测度，并进行时空特征分析和影响因素分析。通过阅读文献和相关资料了解高质量发展的内涵、构建经济高质量发展评价指标体系；采用熵权 - TOPSIS 法对经济高质量发展水平进行测度；运用描述性分析对经济高质量发展综合指数和五大维度指数进行时序分析；采用莫兰指数对我国经济高质量发展进行全局空间相关性分析；运用 LISA 指数对我国经济高质量发展进行局部空间相关性分析；借助 Arcgis 软件，通过空间集聚图对我国省际经济高质量发展水平空间聚集模式进行分析；构建空间面板模型对经济高质量发展进行影响因素分析。

一、熵权 - TOPSIS 法

目前，关于综合指标体系的评价方法主要有主观赋权法和客观赋权法两类。主观赋权法有相对指数法、层次分析法和德尔菲法等，方法简单易行，但赋权具有很强的主观性，且相对指数法容易忽略各个指标之间可能存在的高度相关性。客观赋权法有主成分分析法、因子分析法、简单线性加权法、熵权法等。主成分分析法要求提取的前几个主成分必须达到较高的累计贡献率，但主成分必须和实际的意义相符；因子分析法只能得到公共因子的变化态势，无法准确描述各项因子的具体变化情况；简单线性加权法很难保证指标之间的相互独立性；熵权法根据各项测度指标数据的变异程度来确定权重，可以克服因测度指标差异过小而造成的分析困难，具有计算简单、结果合理、适应性强等优势。

熵权法作为一种客观赋权法，能有效地避免权重设置的主观性，客观地描述用于测算发展指数的各项指标的权重大小。该方法主要根据研究对象中各指标的变异程度，利用信息熵计算出研究对象各指标的熵权，再通过熵权对各指标的权重进行修正，从而得出较为客观的指标权重。TOPSIS 法的全称是“逼近于理想值的排序方法”，是一种多目标属性决策分析方法。该方法的核心思想是通过计算得出评价对象与正、负理想解的相对接近程度。相对贴近程度值越大，表明该决策方案越接近正理想解。相对贴近程度值大小顺序即是评价对象区域创新能力优劣的排序。本书将熵值法与 TOPSIS 法结合起来，运用熵值法确定评价经济高质量发展的各指标权重，并结合 TOPSIS 法对国内 30 个省份（不包括港澳台和西藏）的高质量发展进行综合评价，进而得到我国各省份经济高质量发展指数及排名情况。

二、空间相关性方法

考察数据之间是否具有空间自相关，是用空间分析方法分析数据的基本前提。空间自相关有全局自相关和局部自相关，相关关系主要分为空间滞后相关和空间误差相关，可同时检验对象间两种关系的统计量有：Moran's I 指数和 Geary 指数，本书主要使用 Moran's I 指数。

（一）全局 Moran's I 指数

空间自相关表现为相近单元之间数据的相似程度，而全局空间自相关则描述了某种现象在整体分布空间上是否存在空间集聚性。全局 Moran's I 指数计算公式为：

$$I = \frac{\sum_{i=1}^{n}\sum_{j=1}^{n} w_{ij}(x_i - \bar{x})(x_j - \bar{x})}{s^2 \sum_{i=1}^{n}\sum_{j=1}^{n} w_{ij}} \quad (2.1)$$

其中，$s^2 = \frac{1}{n}\sum_{i=1}^{n}(x_i - \bar{x})$，$\bar{x} = \frac{1}{n}\sum_{i=1}^{n} x_i$，$w_{ij}$为空间权重矩阵 W 的元素，反映空间单元之间的相互影响关系，x_i 和 x_j 为位置 i 和位置 j 的某一属性值；$\bar{x}$ 为 n 个位置属性值的平均值，$(x_i - \bar{x})(x_j - \bar{x})$ 为空间单元间的协方差。Moran's I 统计量的取值范围为［-1，1］，正值表示正相关，负值表示负相关，0 表示不相关，即空间随机分布（Anselin，2010）。

（二）局部 Moran's I 指数

$$I_i = \frac{(x_i - \bar{x})}{s^2}\sum_{j=1}^{n} w_{ij}(x_j - \bar{x}) \quad (2.2)$$

正的 I_i 表示区域 i 的取值与周围区域取值相似度较高，负的 I_i 表示区域 i 的取值与周围区域取值差异度较高。

三、空间面板模型

普通面板模型不考虑空间相关性，空间面板模型使用的前提条件是变量具备空间相关性，这是空间面板模型不同于普通面板模型之处，其他基本上和普通面板模型一样，空间面板模型空间相关性通过加入空间权重来体现。最常见的空间面板模型有空间杜宾模型（SDM）、空间滞后模型（SLM）以及空间误差模型（SEM），其对问题分析适用性程度存在差异。空间杜宾模型（SDM）主要分析被解释变量之间存在的内生交互效应和解释变量之间存在的外生交互效应，不包括干扰项之间存在的交互效应；空间滞后模型（SLM）主要分析被解释变量之间存在的内生交互效应；空间误差模型（SEM）主要分析干扰项之间存在的交互效应。

选择哪种模型最合适要根据模型的识别检验来判别，关于面板模型的检验，LM 检验和 R-LM 检验用来判别应该设定为空间滞后模型或者空间误差模型；Wald 检验用来判别空间杜宾模型能否简化为空间滞后模型或空间误差模型；Hausman 检验用来判别模型为固定效应或者随机效应；LR 检验用来判别模型应选择时间固定效应、空间固定效应或者时间空间双固定效应。本书综合运用 LM 检验、R-LM 检验、Wald 检验和 Hausman 检验等检验方法构成的检验体系对随机效应与固定效应，或者空间滞后模型、空间误差模型与空间杜宾模型的合理形式进行判别。

四、地理加权回归模型

研究空间异质性常用的模型是地理加权回归模型（GWR）。地理加权模型各变量的回归系数考虑了地理位置因素，它允许经典线性模型的参数在空间上是可变的，即处于不同地理位置变量的回归系数不再是假定常数 β_k，而是随着地理位置的变化而变化的 $\beta_k(u_i, v_i)$。具体表达式为：

$$y_{ij} = \beta_0(u_i, v_i) + \sum_{k=1}^{n} \beta_k(u_i, v_i) x_{ij} + \varepsilon_{ij} \tag{2.3}$$

其中，$(u_i,\ v_i)$ 是第 i 个区域的空间坐标，$\beta_k(u_i, v_i)$ 为第 k 个变量的第 i 个区域的回归系数。

地理加权回归模型中用权重函数描述两个样本点之间的影响程度，常见的权重函数有距离阈值法、高斯核函数法及二次核函数法。使用地理加权回归模型最重要的是带宽的设定问题，虽然高斯核函数法及二次核函数法的权重函数都是连续的函数，但是在使用的过程中都需要设定带宽，带宽的设定既可以是固定的，也可以是自适应的。固定带宽的权重矩阵会导致在数据密集处选取过多数据，从而增大偏误，但在数据稀疏处选取较少数据，使得标准差增大。因此，一般选择自适应的带宽，减少误差及标准差。确定带宽的方法主要有交叉验证法和赤池信息准则法（Harris et al.，2013）。

第二篇

中国经济高质量发展测度与因素分析

党的十九大报告提出，“我国经济发展进入新时代，基本特征是我国经济已从高速增长阶段转向高质量发展阶段”①。推动经济高质量发展是新时代新征程我国经济发展的前进方向，也是新时期指导我国经济发展的新理念、新思路、新目标。如何正确理解和认识经济高质量发展的内涵、如何实现经济高质量发展的评价以及如何推动经济高质量发展是本篇所研究的关键问题。本篇首先对经济高质量发展的内涵进行界定；在此基础上，构建经济高质量发展指标体系，对经济高质量发展水平进行测算。其次，通过分析经济高质量发展驱动因素理论，从发展动力、发展结构、发展效率三个方面对中国经济高质量发展进行驱动因素分析。

① 习近平．我国经济已由高速增长阶段转向高质量发展阶段［J］．新湘评论，2019（24）：4－5.

第三章　中国经济高质量发展测度

经济高质量发展既强调经济发展过程的高质量，又强调经济发展结果的高质量。基于新发展理念来理解高质量发展，它包括五个方面的内容：创新发展的高质量、协调发展的高质量、开放发展的高质量、绿色发展的高质量、共享发展的高质量。前四个方面主要强调了经济发展过程的高质量，最后一个方面主要强调经济发展结果的高质量。据此，衡量经济高质量发展水平，需要建立一套既能反映经济发展过程，又能反映经济发展成果的指标评价体系。基于此，本章重点针对经济发展过程与结果的高质量构建评价体系，在深刻理解经济高质量发展内涵的基础上，以“创新、协调、绿色、开放、共享”五大维度，构建我国经济高质量发展指标体系；并将经济高质量发展指数应用于我国经济的研究，对我国经济高质量发展水平进行综合、分维度的时间和空间分析。

第一节　经济高质量发展指标体系构建

一、经济高质量发展的内涵

阐释和界定经济高质量发展的内涵是准确测度经济高质量发展的基础和前提。通过对相关文献进行较为系统的梳理发现，关于经济高质量发展的论述和阐释，经历了由简单到复杂，由单维到多维，由比较片面到比较全面，由模糊到清晰的演变过程，大致可以分为经济增长质量、经济发展质量、经济高质量发展三种类型。经济高质量发展是经济发展质量的高级状态，经历了由经济增长提升到经济发展，再到经济可持续发展，最终升级为经济高质量发展这三个阶段。每一个阶段都与所处经济社会发展状态相适应。一是在经济增长阶段，侧重于经济要素投入的数量增长和规模扩张，追求的是资本积累和财富的增加，解决的是“有没有”的问题，这与走出贫困阶段的社会需求相适应。二是在经济发展阶段，侧重于经济增长的结构调整、效益提升和体制改善，追求的是经济结构优化和经济效益提升，解决的是“多和少”的问题。这与走向小康阶段的社会需求相适应。三是在可持续发展阶段，侧重于经济资源利用效率和生态承载能力，强调发展的可持续性，解决的是“有”的可持续性问题。这与走向富裕阶段的社会需求相适应。四是经济高质量发展阶段，其更加侧重于创新引领、动力转换、结构改善，强调发展质量和效益，追求全面、协调和共享的特性，这与走向社会主义现代化强国的社会总需求相适应。由此可见，经济高质量发展不仅是一个复杂、动态的概念，而且是一个理论上和实践上都需要回答的时代命题。

因此，在新时代的发展背景下，经济高质量发展是以“创新、协调、绿色、开放、共享”新发展理念为指导，经济全面、高质量发展的一种经济发展模式和质态；是由创新发展、协调发展、绿色发展、开放发展和共享发展构成的有机体系。其中，创新发展是经济高质量发展的动力来源，协调发展是经济高质量发展的核心要素，绿色发展是经济高质量发展的主要路径，开放发展是经济高质量发展的外部推力，共享发展是经济高质量发展的根本目标。

二、经济高质量发展指标体系

（一）指标体系构建

经济高质量发展作为一个综合性概念，具有丰富的内涵，本书构建的经济高质量发展指标体系，仅是对我国经济高质量发展主要内容的反映，能够对其经济高质量发展水平进行基本的判断。本书在综合梳理与归纳文献的基础上，借鉴李金昌等（2019）、李梦欣和任保平（2019）、刘瑞和郭涛（2020）、王伟（2020）、吴志军和梁晴（2020）学者的研究成果，并综合考虑现阶段中国经济建设存在的实际问题，从创新、协调、绿色、开放、共享五大发展理念选取 27 个具体指标构建经济高质量发展评价指标体系，对我国经济高质量发展水平展开测度（见表 3－1）。

表 3－1　　经济高质量发展水平测度体系

维度	分项指标	基础指标	指标衡量方式	属性
创新	创新投入	R&D 经费投入强度	R&D 经费支出/GDP	正
		R&D 人员投入力度	R&D 人员数/全部从业人员数量	正
	创新贡献	技术市场成交额占比	技术市场成交额/GDP	正
		国内专利申请授权量	国内专利申请授权量（项）	正
	经济增长效率	全要素生产率	根据生产函数计算	正
协调	消费结构	最终消费率	最终消费/GDP	正
	区域协调	各地区人均 GDP 水平	各地区人均 GDP/全国人均 GDP	正
	城乡协调	城乡收入水平比	城镇居民收入/农村居民收入	逆
		城乡消费水平比	城镇居民消费/农村居民消费	逆
	经济稳定	经济波动率	经济波动率	逆
	产业结构	产业结构的合理化程度	根据三产业比较劳动生产率计算	逆
绿色	绿色建设	建成区绿化覆盖率	建成区绿化覆盖率	正
	环境污染	单位 GDP 废水排放	工业废水排放量/GDP	逆
		单位 GDP 废气排放	工业废气排放量/GDP	逆
	资源消耗	单位 GDP 能耗	能源消费总量/GDP	逆
	环境保护	生活垃圾无害化处理率	生活垃圾无害化处理率	正
开放	经济开放	外资开放度	外商投资总额/GDP	正
		外贸依存度	进出口总额/GDP	正
		外商投资企业数	外商投资企业数	正
	开放效果	国际旅游外汇收入占比	国际旅游外汇收入/GDP	正
		实际利用外资金额占比	实际利用外商直接投资额/GDP	正
共享	公共服务	地方财政教育支出占比	地方财政教育支出/一般预算支出	正
		地方财政医疗卫生支出	地方财政医疗卫生支出/一般预算支出	正
	居民消费	城镇居民家庭恩格尔系数	城镇居民家庭恩格尔系数	逆
		农村居民家庭恩格尔系数	农村居民家庭恩格尔系数	逆
	人民生活水平	城镇化率	城镇化率	正
		人均实际 GDP	实际 GDP/总人口	正

注：地区生产总值以 2000 年为基期，利用地区生产总值指数，按可比价格，计算每期剔除物价水平影响后的地区生产总值。

（二）指标说明

创新发展：创新发展是高质量发展的第一动力，创新包括技术创新与制度创新，技术创新通过创新投入和创新贡献来体现，反映一个国家或地区在科技创新方面的重视程度以及科技竞争实力和科技成果转化为现实生产力的能力；制度创新通过经济增长效率体现，是技术进步对经济发展作用的综合反映，是政府制定长期可持续增长政策的重要依据。

协调发展：协调发展是经济高质量发展的内生特点，它既是发展手段，又是发展目标，还是评价发展的标准和尺度。协调发展指数通过消费结构、区域协调、城乡协调、经济稳定、产业结构进行测算。消费结构是衡量国民经济中消费比重的重要指标，区域协调反映各地区的发展差距，城乡协调反映城乡之间的协调性，经济稳定反映一个地区经济发展的稳定程度，产业结构通过产业结构的合理化程度测算，合理化的产业结构有利于产业结构的协调发展。

绿色发展：绿色发展是经济高质量发展的普遍形态，是实现人与自然和谐共生的关键。绿色发展指数通过绿色建设、环境污染、资源消耗、环境保护进行测算。绿色建设、环境污染、资源消耗反映经济活动中的能源利用程度，环境保护反映环境的受保护程度。

开放发展：开放发展是高质量发展的必由之路，具体内容包括深入推进双向开放、形成对外开放新体制、推进“一带一路”建设。开放发展指数通过经济开放和开放效果进行测算，反映对外开放的程度以及对外开放带来的效益。

共享发展：共享发展是高质量发展的根本目的，其基本内涵是发展成果惠及人民。共享发展指数通过公共服务、居民消费和人民生活水平测算。公共服务反映一个国家的公共服务水平，也间接地反映一个国家一定时期的经济发展水平，居民消费反映人民的收入消费水平，人民生活水平衡量经济发展和人民总体生活水平。

三、样本选取与数据来源

本书以国内30个省份为研究对象，由于港澳台地区和西藏自治区部分测度指标数据缺失较为严重，因此，本书未将其纳入测度范围。数据来源方面，R&D经费支出、R&D人员数量、技术市场成交额、国内专利申请授权项、全部从业人员数量等数据来源于《中国科技统计年鉴》《中国统计年鉴》与各省份统计年鉴，全要素生产率数据采用超越对数随机前沿模型计算；最终消费、各地区人均 GDP、全国人均 GDP、城镇居民收入、农村居民收入、城镇居民消费、农村居民消费来源于国家统计局官方网站及各省份统计年鉴，经济波动率用经济增长率（真实 GDP 的增长率）变动幅度的绝对值进行计算，产业结构合理化的度量使用泰尔指数 TL 表达式进行计算，借鉴于刘瑞和郭涛（2020）；建成区绿化覆盖率、工业废水排放量、工业废气排放量、能源消费总量、生活垃圾无害化处理率来源于国家统计局官方网站、《中国环境统计年鉴》《中国能源统计年鉴》；外商投资总额、进出口总额、外商投资企业数、国际旅游外汇收入、实际利用外资直接投资额来源于国家统计局官方网站、《中国贸易外经统计年鉴》及各省份统计年鉴；地方财政一般预算支出、地方财政教育支出来源于国家统计局官方网站、各省份统计年鉴及《中国教育经费统计年鉴》，医疗卫生支出来源于《中国财政年鉴》，城镇居民家庭恩格尔系数、农村居民家庭恩格尔系数来源于各省份统计年鉴，城镇化率来源于《中国统计年鉴》，实际 GDP 通过指数平滑算法计算得到。

第二节　经济高质量发展水平测算

指标体系的构建和评价方法的选择是进行经济高质量发展水平测算的前提和关键，也决定了评价结果的合理性和准确性。根据熵权 - TOPSIS 法对我国经济高质量发展水平进行测算，根据测算结果，可以从中得到我国经济高质量发展水平和存在的问题。由于本书选择的是 2004 ~ 2017 年的数据测算我国经济高质量发展水平，计算得出的结果更能反映我国经济不同区域、不同时间段之间的差异性和发展情况，测度新时代中国经济高质量发展水平并分析其空间分布规律。对区域经济高质量发展的深入研究有利于区域经济协调以及经济发展质量的整体提升，根据得到的信息，可以为我国经济高质量发展和区域经济协调发展的指导规划提供参考。

一、综合测算结果与分析

基于经济高质量发展评价指标体系和经济高质量发展测度方法测算全国省级区域 2004 ~ 2017 年的经济高质量发展水平和变化特征。其中，2017 年中国 30 个省份的经济高质量发展的综合指数及 5 个子系统水平评价指数结果见表 3 - 2。

表 3-2 2017 年各省份经济高质量发展各子系统水平

省份	创新指数	协调指数	绿色指数	开放指数	共享指数	综合指数	排名
北京	0.699	0.848	0.870	0.562	0.648	0.643	1
广东	0.426	0.561	0.527	0.788	0.524	0.554	2
上海	0.274	0.868	0.691	0.715	0.637	0.506	3
江苏	0.355	0.802	0.692	0.365	0.602	0.397	4
浙江	0.324	0.713	0.526	0.335	0.568	0.366	5
天津	0.215	0.910	0.706	0.345	0.634	0.358	6
福建	0.150	0.630	0.719	0.352	0.525	0.304	7
山东	0.228	0.502	0.721	0.204	0.519	0.274	8
海南	0.016	0.422	0.438	0.335	0.300	0.245	9
陕西	0.228	0.291	0.454	0.215	0.368	0.243	10
辽宁	0.145	0.386	0.650	0.205	0.437	0.223	11
湖北	0.182	0.433	0.517	0.147	0.380	0.214	12
安徽	0.143	0.350	0.551	0.207	0.326	0.209	13
云南	0.062	0.183	0.335	0.250	0.312	0.198	14
江西	0.076	0.409	0.504	0.177	0.364	0.191	15
重庆	0.111	0.397	0.444	0.172	0.380	0.188	16
河北	0.112	0.392	0.693	0.086	0.413	0.186	17
河南	0.129	0.353	0.481	0.119	0.382	0.184	18
四川	0.151	0.392	0.452	0.114	0.301	0.182	19
湖南	0.121	0.336	0.496	0.151	0.323	0.177	20
广西	0.050	0.261	0.398	0.185	0.360	0.175	21
内蒙古	0.049	0.379	0.734	0.093	0.400	0.166	22
黑龙江	0.082	0.399	0.607	0.074	0.315	0.159	23
宁夏	0.047	0.281	0.259	0.191	0.276	0.158	24
吉林	0.076	0.387	0.539	0.078	0.331	0.152	25
山西	0.059	0.302	0.425	0.072	0.351	0.140	26
贵州	0.042	0.181	0.237	0.062	0.338	0.128	27
青海	0.104	0.328	0.244	0.045	0.246	0.126	28
甘肃	0.086	0.031	0.469	0.033	0.288	0.123	29
新疆	0.027	0.254	0.393	0.109	0.230	0.116	30
M	0.159	0.433	0.526	0.226	0.403	0.243	—
SD	0.141	0.210	0.155	0.183	0.120	0.130	—
$M+0.5SD$	0.230	0.538	0.603	0.318	0.462	0.308	—
$M-0.5SD$	0.088	0.328	0.448	0.135	0.343	0.178	—

由表3－2可以看出，2017年我国省际经济高质量发展综合指数得分最高的是北京（0.643），得分最低的是新疆（0.116）。创新、协调、绿色、开放、共享五个维度指数得分均值依次是0.159、0.433、0.526、0.226、0.403，整体来看创新水平、开放水平偏低。30个省份经济高质量发展综合指数得分均值（M）为0.243，发展水平偏低，可能与创新水平、开放水平比较低有关；标准差（SD）为0.130，表明2017年我国经济高质量发展综合水平得分整体较低，不同省份存在较为明显的空间差异。借鉴魏敏和李书昊（2018）的研究成果，根据得分情况，可以将30个省份分为先进型、平庸型和落后型三种类型。其中，先进型得分高于$M+0.5SD$，平庸型得分介于$M-0.5SD$至$M+0.5SD$，落后型得分低于$M-0.5SD$。

先进型省份经济高质量发展综合指数得分高于0.308，包括北京、广东、上海、江苏、浙江和天津（已排序）6个省份，这些省份经济高质量发展综合水平较高，创新、协调、绿色、开放、共享各维度指数也较为均衡，仅在个别指标上存在发展短板。其中，天津在创新方面存在发展短板，体现在技术市场成交额、国内专利申请授权量（项）和全要素生产率上；广东和浙江在绿色方面存在发展短板，其中，广东体现在单位GDP废水排放和生活垃圾无害化处理率上，浙江体现在建成区绿化覆盖率和单位GDP废水排放上，需要找准短板、精准施策。

平庸型省份经济高质量发展综合指数得分介于0.308～0.178，包括福建、山东、海南、陕西、辽宁、湖北、安徽、云南、江西、重庆、河北、河南、四川（已排序）13个省份，这些省份经济高质量发展综合水平一般，创新指数普遍不高，对福建省的影响尤为明显，其创新发展方面存在的短板致使其综合发展水平未进入先进型；其他指数也大都存在明显短板，例如，山东的协调、开放，海南的绿色、共享，陕西的协调、绿色、共享，辽宁的协调，河北的协调和开放等评价指数较低，这些方面都需要进一步的改进。

落后型省份经济高质量发展综合指数低于0.178，包括湖南、广西、内蒙古、黑龙江、宁夏、吉林、山西、贵州、青海、甘肃、新疆（已排序）11个省份，这些省份经济高质量发展综合水平较低，除了内蒙古和黑龙江绿色发展指数较高外，其余省份创新、协调、绿色、开放、共享指数都比较低。究其落后的原因，湖南主要是由于投资拉动的后劲不足，表现在其拉动力强的重大项目欠缺，开放发展程度不够等诸多方面；山西、黑龙江、吉林基本属于能源型大省，前期发展虽然积累了一定数量，但是生态修复和环境保护的压力巨大，正处于转变发展方式、转换增长动力的阵痛期，加之人口基数较大、人才流失严重，因而发展的速度和质量都没有上去；广西、内蒙古、贵州、宁夏、新疆、甘肃、青海等省份多处于西部边远地区，经济发展滞后的同时也制约了其创新、协调、开放、共享的水平。因此，要健全生态补偿机制，给予发展政策的倾斜，推动落后地区经济增长，实现区域经济协调发展。

二、分项测算结果与分析

根据表3－2，下面对各省份创新、协调、绿色、开放、共享五个维度的具体指标得分情况做简要分析。

（一）创新发展指数

创新指数得分最高的是北京（0.699），得分最低的是海南（0.016），30个省份创新发展指数得分均值为0.159，发展水平偏低，标准差为0.141，表明2017年我国省际创新驱动发展水平空间差异十分明显。综观所有省份创新指数得分，高于0.230的有北京、广东、江苏、浙江、上海（已排序），属于先进型创新发展省份；低于0.088的省份有12个，包括甘肃、黑龙江、吉林、江西、云南、山西、广西、内蒙古、宁夏、贵州、新疆、海南（已排序），属于落后型发展省份，其中各个省份在R&D经费投入强度、R&D人员投入力度、技术市场成交额占比、国内专利申请授权量、全要素生产率等方面都存在着不同程度的短板，说明我国创新驱动经济高质量发展在人才密度、创新成效和经济发展的效率上都有待进一步提高，尤其是一些不发达的边远地区更应该引起重视。

（二）协调发展指数

协调指数得分最高的是天津（0.910），在城乡居民收入之比及经济波动率方面协调性很好；得分最低的是甘肃（0.031），协调性极差，在各个基础指标里协调性都不好，尤其体现在各地区人均GDP水平、城乡居民收入之比、产业结构的合理化程度、城乡居民消费水平几个方面；30个省份协调发展指数得分均值为0.433，偏中等发展水平，标准差为0.210，表明2017年我国省际协调发展水平空间差异十分明显，相比较其他维度的指数，差异最大。综观所有省份协调指数得分，高于0.538的省份有天津、上海、北京、江苏、浙江、福建、广东（已排序），低于0.328的省份有山西、陕西、宁夏、广西、新疆、云南、贵州、甘肃（已排序），整体呈现“东高西低”的格局。具体来看，消费结构方面，上海、广东、江苏优势明显，可见，在扩大消费需求、注重改善人民生活特别是保障困难群众的基本生活的同时，提升居民消费结构的合理性与协调性是非常重要的；区域协调方面，北京、天津、上海优势明显，但我国区域协调性整体较差，要积极发挥各个地区的优势和积极性，形成东中西相互促进、优势互补、共同发展的新格局；城乡协调方面，天津和浙江在城乡收入水平比和城乡消费水平比方面优势明显，江苏和福建在城乡消费水平比方面优势明显，但从我国发展实际看，城乡区域协调性整体较差；在经济稳定和产业结构方面，各个先进型省份优势都比较明显，且差异不大，可见，要把工作着力点放在加快结构调整、深化体制改革和转变经济增长方式上，努力保持国民经济平稳较快地发展。

（三）绿色发展指数

绿色指数得分最高的是北京（0.870），得分最低的是贵州（0.237）。北京作为首都，虽然人口密度大，但近年来环境治理力度很大，节能减排效果明显，绿色发展良好。综合来看，30个省份绿色指数得分均值为0.526，标准差为0.155，说明各个省份间依然存在着差异性，但相对于其他指数，我国绿色发展指数得分较好，其中，先进型省份10个，落后型省份9个，说明党的十八大以来各地践行“绿水青山就是金山银山”的绿色发展理念初见成效。值得注意的是，绿色指数相对于其他指数，因为发达地区节能减排效果较好但是生态环境欠佳、欠发达地区生态环境较好但节能减排效果欠佳的原因，导致一些欠发达地区的指数较高，一些发达地区指数较低，在内蒙古和广东两个省份表现得尤为明显，但这也正是各自补齐短板努力的方向。

（四）开放发展指数

开放指数得分最高的是广东（0.788）和上海（0.715），都达到0.7以上，得分最低的是甘肃（0.033）和青海（0.045），都小于0.050，可见，我国省际开放水平的差异十分明显。综观所有省份开放指数得分，高于0.318的有广东、上海、北京、江苏、福建、天津、海南、浙江，属于先进型省份，主要集中在长三角、珠三角和环渤海湾地区；低于 0.135 的有河南、四川、新疆、内蒙古、河北、吉林、黑龙江、山西、贵州、青海、甘肃，属于落后型省份，主要集中在西部和东北地区。从经济开放来看，先进型省份中，广东、上海、北京外资开放度、外贸依存度、外商投资企业数优势明显，说明其开放的力度最大、范围最广，无论是在对外开放的市场环境上还是在外资投资的选择上，条件都比较好；江苏在外资开放度中存在欠缺，天津和海南在外商投资企业中效果不佳，需要找准短板、精准施策。在对外开放的效果上，北京优势明显，在国际旅游外汇收入和实际利用外资金额方面居全国第一，说明其在抓住“一带一路”建设机会、实施“双向开放”“走出去”战略等方面走在全国前列。

（五）共享发展指数

共享指数得分最高的是北京（0.648），得分最低的是新疆（0.230），30 个省份得分均值为 0.403，偏中等发展水平，标准差为 0.120，在各个指数中差异最小。得分高于 0.462 的省份有北京、上海、天津、江苏、浙江、福建、广东、山东（已排序），属于先进型省份，多是东部地区；得分低于 0.343 的省份有 12 个，包括贵州、吉林、安徽、湖南、黑龙江、云南、四川、海南、甘肃、宁夏、青海、新疆（已排序），属于落后型省份，多是西部和东北地区；由此可见，大力推行基本公共服务供给均等化、不断改善人民生活状况，已经迫在眉睫。具体来看，先进型省份在公共服务、居民消费、生活水平等方面都表现出各自的优势，但在个别指标上存在短板，例如，上海市在地方财政教育支出占比、地方财政医疗卫生支出上面存在劣势，导致其公共服务水平偏低，天津在地方财政医疗卫生支出中也存在短板，而广东则表现在农村居民家庭恩格尔系数这个指标上，应释放居民消费能力，进而增强人民的幸福感和获得感。

三、东中西区域测算结果与分析

我国地域辽阔，区域发展差距较大，为了更好地揭示新时代经济高质量发展的空间分布格局，将先进、平庸和落后三种类型的省份按照东部、中部和西部地区进行区域划分，结果见表 3-3。

表3-3　　经济高质量发展三种类型省份的东中西区域分布

指数	类型	东部地区	中部地区	西部地区
综合指数	先进	北京、广东、上海、江苏、浙江、天津	—	—
	平庸	福建、山东、海南、辽宁、河北	湖北、安徽、江西、河南	陕西、云南、重庆、四川
	落后	—	湖南、黑龙江、吉林、山西	广西、内蒙古、宁夏、贵州、青海、甘肃、新疆
创新指数	先进	北京、广东、江苏、浙江、上海	—	—
	平庸	山东、天津、福建、辽宁、河北	湖北、安徽、河南、湖南	陕西、四川、重庆、青海
	落后	海南	黑龙江、吉林、江西、山西	甘肃、云南、广西、内蒙古、宁夏、贵州、新疆
协调指数	先进	天津、上海、北京、江苏、浙江、福建、广东	—	—
	平庸	山东、海南、河北、辽宁	湖北、江西、黑龙江、吉林、河南、安徽、湖南	重庆、四川、内蒙古、青海
	落后	—	山西	陕西、宁夏、广西、新疆、云南、贵州、甘肃
绿色指数	先进	北京、山东、福建、天津、河北、江苏、上海、辽宁	黑龙江	内蒙古
	平庸	广东、浙江	安徽、吉林、湖北、江西、湖南、河南	甘肃、陕西、四川
	落后	海南	山西	重庆、广西、新疆、云南、宁夏、青海、贵州
开放指数	先进	广东、上海、北京、江苏、福建、天津、海南、浙江	—	—
	平庸	辽宁、山东	安徽、江西、湖南、湖北	云南、陕西、宁夏、广西、重庆
	落后	河北	河南、吉林、黑龙江、山西	四川、新疆、内蒙古、贵州、青海、甘肃

续表

指数	类型	东部地区	中部地区	西部地区
共享指数	先进	北京、上海、天津、江苏、浙江、福建、广东、山东	—	—
	平庸	辽宁、河北	河南、湖北、江西、山西	内蒙古、重庆、陕西、广西
	落后	海南	吉林、安徽、湖南、黑龙江	贵州、云南、四川、甘肃、宁夏、青海、新疆

从整体综合评价指数来看，6 个先进型省份全部位于东部地区，以京津为代表的环渤海湾地区、以苏浙沪为代表的长三角地区和以广东为代表的珠三角地区，不仅是中国经济最发达的地区，也是经济发展质量最高的地区。而落后型省份除东中部的湖南、黑龙江、吉林和山西之外，全部位于西部地区。东部、中部、西部地区经济高质量发展综合指数的均值依次为 0. 369、0. 1789、0. 164，东部最高，中部和西部都比较低。可见，在经济高质量发展方面，东部地区处于领先地位，而中部和西部地区任重道远。

从创新评价指数来看，5 个先进型省份也全部属于东部地区，与综合指数高度吻合，落后型省份除东部的海南和中部的黑龙江、吉林、江西、山西之外，其余全部是西部地区，这与综合指数分类情况也高度契合。由此可以看出，创新是我国经济高质量发展的动力，我国创新驱动经济高质量发展在人才密度和创新成效上都有待进一步提高。

从协调性来看，先进型省份有 7 个，不同于综合指数与创新指数的是，福建省进入先进型省份的行列，而且中部地区落后型省份仅有山西，其他均为平庸型省份，协调性有了明显的改善。西部地区协调性仍然不好，有 7 个省份依旧属于落后型，应当加强西部地区的协调性建设，促进我国的经济协调高质量发展。

从绿色发展来看，30 个省份绿色发展指数明显优于其他评价指标。先进型省份总共 10 个，其中，8 个属于东部，中部和西部各有 1 个，分别是黑龙江和内蒙古，落后型省份明显减少，但落后型省份还是大多集中在西部地区。

从开放发展来看，8 个先进型省份都属于东部地区，中部和西部开放性较差，与综合评价指数非常相似。开放发展是经济高质量发展的外部推力，要顺应时代潮流，坚持开放共赢，勇于变革创新。

从共享的角度来看，8 个先进型省份仍然属于东北地区。落后型省份中东部地区只有海南，中部地区仍然有 4 个，其余都属于西部地区，这与其他维度的分类情况差距不大。

综上所述，结合各评价指数可以得出以下结论，中国经济高质量发展水平整体由东部地区向西部地区逐步降低，表现出较为明显的“东高、中平、西低”的区域分布格局。

第三节　经济高质量发展时序分析

一、综合水平时序变化分析

通过计算，我们得到 2004～2017 年全国各省份高质量发展综合水平与均值情况指数。对 2004～2017 年的综合水平进行时序变化分析，以此探讨样本期间内各地区综合发展水平的空间变化情况见表 3－4。

表 3－4　　30 个省份 2004～2017 年经济高质量发展指数

省份	2004 年	2005 年	2006 年	2007 年	2008 年	2009 年	2010 年	2011 年	2012 年	2013 年	2014 年	2015 年	2016 年	2017 年
北京	0.643	0.652	0.660	0.590	0.601	0.613	0.659	0.643	0.633	0.653	0.666	0.677	0.674	0.643
天津	0.414	0.415	0.391	0.340	0.327	0.318	0.335	0.318	0.332	0.344	0.369	0.381	0.372	0.358
河北	0.160	0.166	0.160	0.139	0.170	0.149	0.177	0.164	0.159	0.165	0.176	0.168	0.176	0.186
山西	0.114	0.122	0.121	0.116	0.133	0.126	0.138	0.133	0.147	0.152	0.145	0.135	0.140	0.140
内蒙古	0.126	0.127	0.148	0.132	0.146	0.141	0.154	0.142	0.151	0.158	0.166	0.164	0.157	0.166
辽宁	0.285	0.258	0.250	0.225	0.234	0.225	0.250	0.228	0.242	0.242	0.240	0.225	0.217	0.223
吉林	0.161	0.143	0.152	0.133	0.142	0.140	0.154	0.145	0.150	0.148	0.150	0.153	0.150	0.152
黑龙江	0.157	0.151	0.162	0.147	0.177	0.152	0.169	0.148	0.158	0.153	0.158	0.163	0.160	0.159
上海	0.566	0.567	0.544	0.495	0.465	0.483	0.495	0.466	0.465	0.466	0.484	0.507	0.533	0.506
江苏	0.406	0.403	0.387	0.369	0.361	0.406	0.428	0.434	0.438	0.420	0.417	0.418	0.411	0.397
浙江	0.350	0.352	0.367	0.341	0.354	0.373	0.381	0.354	0.368	0.381	0.397	0.397	0.387	0.366
安徽	0.127	0.122	0.126	0.126	0.146	0.136	0.154	0.170	0.169	0.180	0.195	0.196	0.216	0.209
福建	0.296	0.290	0.263	0.233	0.232	0.231	0.246	0.245	0.252	0.260	0.278	0.286	0.301	0.304
江西	0.172	0.156	0.152	0.147	0.150	0.149	0.167	0.166	0.166	0.170	0.174	0.167	0.202	0.191
山东	0.287	0.270	0.256	0.246	0.262	0.247	0.259	0.257	0.252	0.253	0.270	0.269	0.278	0.274

续表

省份	2004年	2005年	2006年	2007年	2008年	2009年	2010年	2011年	2012年	2013年	2014年	2015年	2016年	2017年
河南	0.164	0.143	0.149	0.134	0.163	0.148	0.169	0.167	0.165	0.167	0.186	0.170	0.190	0.184
湖北	0.175	0.164	0.144	0.134	0.153	0.142	0.162	0.154	0.168	0.185	0.193	0.200	0.213	0.214
湖南	0.136	0.136	0.135	0.126	0.139	0.132	0.139	0.143	0.145	0.149	0.159	0.153	0.173	0.177
广东	0.556	0.556	0.522	0.489	0.458	0.467	0.476	0.453	0.460	0.475	0.499	0.512	0.528	0.554
广西	0.123	0.137	0.139	0.102	0.115	0.114	0.135	0.151	0.129	0.133	0.159	0.147	0.165	0.175
海南	0.226	0.193	0.194	0.344	0.356	0.330	0.210	0.175	0.190	0.184	0.182	0.178	0.259	0.245
重庆	0.150	0.124	0.135	0.125	0.145	0.141	0.150	0.151	0.157	0.170	0.190	0.189	0.197	0.188
四川	0.140	0.139	0.141	0.134	0.141	0.151	0.166	0.156	0.172	0.176	0.182	0.179	0.187	0.182
贵州	0.098	0.129	0.114	0.092	0.108	0.093	0.107	0.105	0.083	0.084	0.109	0.097	0.116	0.128
云南	0.138	0.149	0.141	0.128	0.128	0.129	0.145	0.151	0.139	0.148	0.169	0.177	0.175	0.198
陕西	0.172	0.150	0.154	0.138	0.153	0.148	0.174	0.192	0.188	0.219	0.236	0.233	0.238	0.243
甘肃	0.108	0.120	0.119	0.102	0.113	0.099	0.102	0.143	0.098	0.103	0.106	0.106	0.111	0.123
青海	0.160	0.143	0.151	0.135	0.114	0.100	0.109	0.123	0.118	0.127	0.107	0.123	0.120	0.126
宁夏	0.139	0.119	0.133	0.104	0.115	0.092	0.117	0.127	0.095	0.107	0.113	0.107	0.110	0.158
新疆	0.127	0.130	0.121	0.117	0.122	0.115	0.122	0.153	0.111	0.117	0.112	0.109	0.109	0.116
均值	0.229	0.224	0.221	0.206	0.214	0.210	0.222	0.219	0.217	0.223	0.233	0.233	0.242	0.243

由表3-4可知，在对各省份经济高质量发展指数进行测度的基础上，以省际数据的平均值反映中国整体经济高质量发展水平，可以发现，在2004~2017年整个样本期间内，中国经济高质量发展指数整体呈现出在波动中上升的趋势，但增长速度不大。纵观我国30个省份，可以看出，我国各个省份高质量发展差异明显，东部沿海地区发展水平普遍较高，中西部地区发展水平普遍较低；但从发展速度来看，中部和西部地区的增长速度最快，且越欠发达地区增长速度越快，东部地区的增长速度比较缓慢。综上，我国经济高质量发展在创新、协调、绿色、开放、共享方面都有待进一步提高，尤其是一些不发达的边远地区更应该对此引起重视。

二、五大维度时序变化分析

通过计算，得到各个省份在2004~2017年五个维度的评价指数，以省际数据的平均值反映中国整体创新、协调、绿色、开放、共享发展水平年均值变化趋势，如图3-1所示。

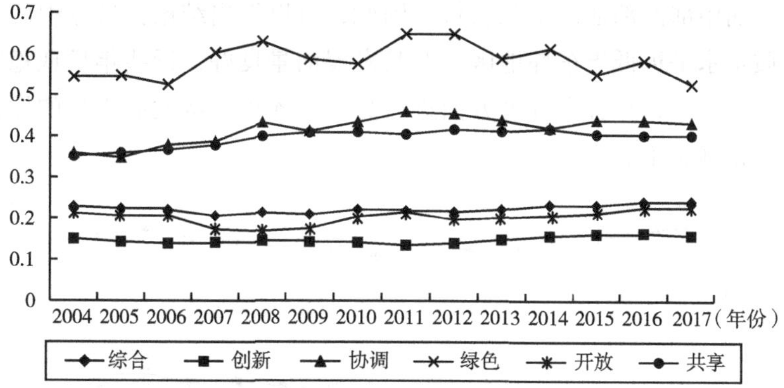

图 3－1　全国五大维度时序变化分析

由图 3－1 可知，整体来看，我国经济高质量发展综合指数和五大维度指数呈现波动上升的趋势。具体来看，综合评价指数呈上升趋势，但增长速度缓慢；从五大维度来看，创新和开放评价指数极低，且发展缓慢；相对于创新和开放指数，协调、绿色、共享指数相对较高，且发展速度较快。综上所述，我国经济高质量发展缓慢的主要原因是我国动力驱动（创新）和外部推力（开放）发展缓慢导致，说明我国创新驱动经济高质量发展和外部推动经济高质量发展在各个方面都有待提高，尤其在人才密度、创新成效、引进外部投资、扩大进出口等方面。协调、绿色、共享发展效果良好，但应该抓重点、找短板，促进其持续稳固地发展，最后达到经济高质量发展。

三、东中西区域时序变化分析

通过整理计算，得到全国东部、中部、西部 2004～2007 年的综合指数及各个维度指数的平均值，以反映中国新时代经济高质量发展的空间分布格局。

根据各个省份在 2004～2017 年五个维度的评价指数，以省际数据的平均值反映中国整体综合、创新、协调、绿色、开放、共享发展水平年均值变化趋势。

（一）分地区综合指数时序变化分析

由图 3－2 可知，东部地区综合评价指数明显高于中部地区和西部地区，其中，西部地区最低，可见，我国经济高质量区域发展差距较大，东部地区处于领先，而西部地区任重道远；但从发展速度来看，东部地区增长速度比较缓慢，而中部西部地区增长较快。因此，可以得出结论：虽然中西部地区经济高质量水平远低于东部地区，但其发展前景良好，近些年呈现稳定增长的趋势。接下来，从五个维度方面进行分析，找出经济发展不足的原因，找准短板、精准施策。

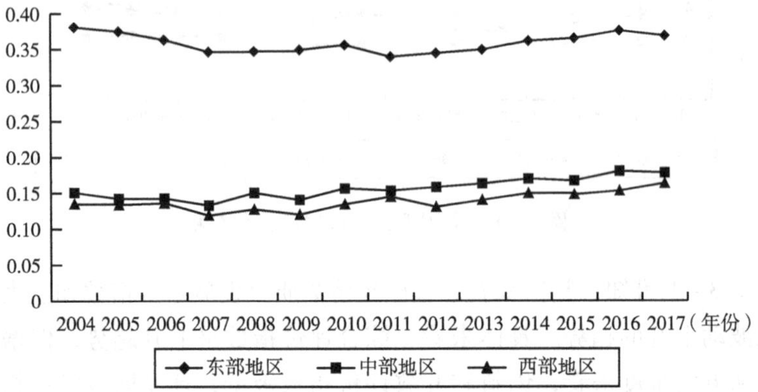

图 3-2 分地区综合指数时序变化情况

（二）分地区创新指数时序变化分析

由图 3-3 可知，东、中、西部地区创新发展指数增长速度都比较缓慢；东部地区一直处于发展领先地位，中部地区发展较高于西部地区，但二者差距不大，且创新发展指数极低。东部地区不仅是中国经济最发达的地区，也

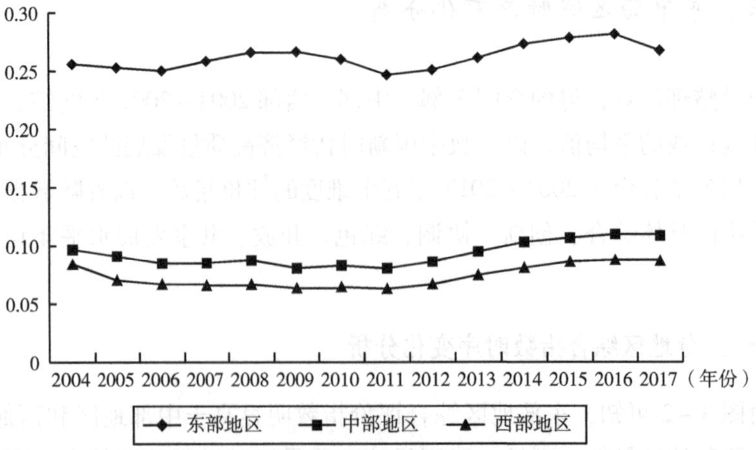

图 3-3 分地区创新指数时序变化情况

是经济发展质量最高的地区，是我国创新发展的领先军，这符合我国经济发展的实际情况，创新是经济高质量发展的动力，要加强创新建设，尤其是中西部地区，当然，东部地区应该发挥其领头作用，带动中西部地区共同快速有效地发展。

（三）分地区协调指数时序变化分析

由图3-4可知，协调性方面，虽然还是东部地区远高于中西部地区，但相对于创新指数，协调指数明显增加，东部地区与中西部地区差距变小，中部地区和西部地区差距变大。总体来看，三者呈波动上升的趋势，且东部地区增速较快，协调指数增幅明显，说明我国协调发展近年来成效明显，各项政策实现了有效的落实。

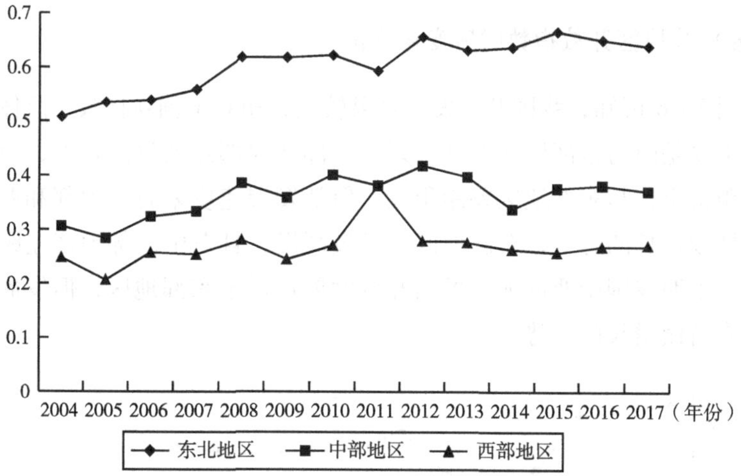

图3-4 分地区协调指数时序变化情况

（四）分地区绿色指数时序变化分析

由图3-5可知，各地区绿色发展指数在其均值附近来回波动，趋势相似，在2004~2013年增幅明显，之后开始在均值附近来回波动，增幅不明显。总体来看，还是东部地区绿色发展指数最高，其次是中部地区，西部地区最低，但三者之间差距不明显，相较于其他发展指数，绿色发展指数相对发展较好，故可以认为，绿色发展方面不是抑制我国经济高质量发展的主要原因。

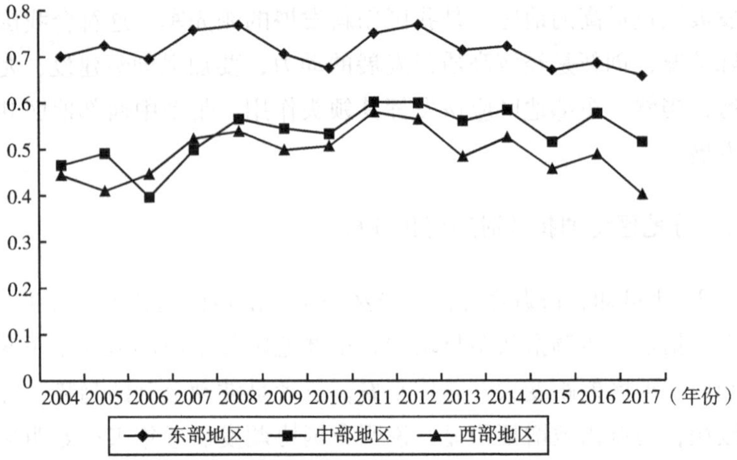

图3－5 分地区绿色指数时序变化情况

（五）分地区开放指数时序变化分析

由图3－6可知，我国开放发展效果较差，相对于创新指数，总体指数较好，但主要是因为东部地区发展较好，中部和西部发展仍然较差，而且二者之间差距很小，与东部地区差距很大。但从发展速度来看，中部和西部近年来呈现持续增长的趋势，东部地区增长较缓慢，且东中西部地区差距有缩小的趋势，说明我国中西部地区虽然开放发展远低于东部地区，但发展前景良好，具有持续增长的态势。

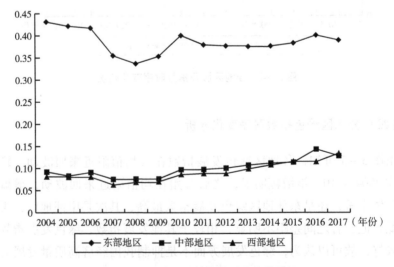

图3－6 分地区开放指数时序变化情况

（六）分地区共享指数时序变化分析

由图3－7可知，我国共享发展各地区差距较小，但仍然是东部地区处于领先地位，增幅也比较缓慢，中西部地区的差距逐年变小。

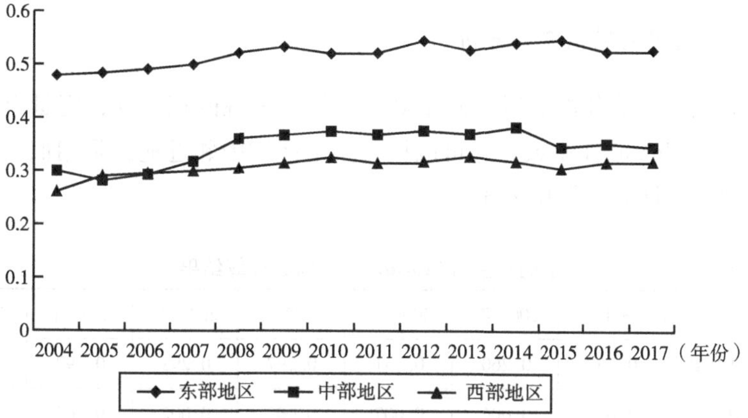

图3－7　分地区共享指数时序变化情况

综上所述，从各个维度来看，我国绿色发展最好，其次是协调发展，再者是共享发展、开放发展，最后是创新发展，其中开放和创新指数与其他指数差距很大，尤其是创新发展指数。从各个地区来看，东部地区各个方面都处于领先地位，其次是中部地区和西部地区，但中部和西部地区除协调发展之外二者差距不大；东部地区与中西部地区差距很大，最明显的表现在可开放指数与协调指数，其次是绿色、共享、创新。针对以上结论，我国创新驱动发展不足，创新是我国经济高质量发展的驱动力，但是我国东中西部创新发展指数都不太高，要以此为着力点和突破点，加强创新发展；同时，要缩小我国东部地区与中西部地区的差异，这是实现我国经济高质量发展整体快速有效发展的关键。

第四节　经济高质量发展空间特征分析

由于本书使用面板数据测算经济高质量发展，为深入探索不同区域不同时期的经济高质量发展的空间特征，运用空间计量方法检验并测算经济高质量发展的空间全局自相关性和空间局部自相关性，同时借助地理信息系统对测算结果进行可视化展示。

一、经济高质量发展空间相关性分析

（一）空间全局相关性分析

全局相关性是分析空间数据在整个空间中表现的相关性，度量全局相关性采用全局 Moran's I 指数，它可以检验整个区域中邻近地区是相似、相异还是相互独立，计算结果见表 3－5。

表 3－5 全局莫兰（Moran's I）指数计算结果

项目	2004 年	2005 年	2006 年	2007 年	2008 年	2009 年	2010 年
Moran's I 指数	0.260	0.260	0.251	0.297	0.298	0.297	0.264
P 值	0.006	0.006	0.007	0.002	0.002	0.002	0.005
项目	2011 年	2012 年	2013 年	2014 年	2015 年	2016 年	2017 年
Moran's I 指数	0.243	0.258	0.234	0.234	0.230	0.268	0.238
P 值	0.008	0.006	0.011	0.012	0.013	0.005	0.01

由表 3－5 可知，我国 2004～2017 年经济高质量发展指数都通过全局莫兰指数检验，因此，可以认为，我国经济高质量发展存在全局空间相关性。

（二）空间局部相关性分析

由于全局空间自相关侧重于描述变量在整体分布空间上是否存在空间集聚性，忽略了区域间的空间相关问题，不能够较好地刻画局部空间相关方向和相关程度。因此，本书在检验全局空间相关的基础上，主要分析局部空间相关的特征。局部相关性分为两类模式：一类是“高—高”和“低—低”集聚型，区域的变量值与其周围区域变量值具有正向相关性；另一类是“高—低”和“低—高”集聚型，其变量值与周围区域变量值具有负向相关性。根据 LISA 集聚图得到我国经济高质量发展综合评价指数在 2004 年、2009 年、2013 年及 2017 年的空间集聚分布，进而分析不同时期的空间集聚特征，对应分析结果见表 3－6。

表 3-6　LISA 指数显著区域分布

模式	2004 年	2009 年	2013 年	2017 年
HH	—	天津、上海	天津	天津
HL	—	—	—	陕西
LL	内蒙古、青海、甘肃、四川、陕西、云南、贵州	新疆、内蒙古、青海、甘肃、四川、陕西、贵州	新疆、内蒙古、青海、甘肃、四川、陕西	新疆、内蒙古、青海、甘肃、四川

注：HH 表示"高—高"集聚，HL 表示"高—低"集聚，LH 表示"低—高"集聚，LL 表示"低—低"集聚。

由表 3-6 可知，我国经济高质量发展呈现出东部地区"高—高"集聚，西部地区"低—低"集聚的分布特征。具体来看，2005 年，"低—低"集聚区域包括青海、甘肃、四川、陕西、云南、贵州、内蒙古，呈现出显著的正相关，不存在显著的"高—高""高—低"和"低—高"的集聚区域，说明我国 2004 年经济高质量发展效果不理想。2009 年，"低—低"集聚区域包括新疆、内蒙古、青海、甘肃、四川、陕西、贵州，呈现出显著的正相关，相较于 2004 年，增加了新疆，减少了云南，"高—高"集聚区域包括天津和上海，表现为显著的正相关，说明我国经济高质量发展有所突破，"高—高"集聚区开始增加。2013 年，"低—低"集聚区域包括新疆、内蒙古、青海、甘肃、四川、陕西，"高—高"集聚区域为天津，表现为显著的正相关，与 2009 年相比，"低—低"集聚区域减少，贵州省退出"低—低"集聚区域。2017 年，"低—低"集聚区域包括新疆、内蒙古、青海、甘肃、四川，陕西退出"低—低"集聚区域，进入"高—低"集聚区域，经济高质量发展有所提高，"高—高"集聚区仍然为天津，说明我国"低—低"集聚区域减少。综上所述，近年来我国经济高质量发展呈现逐渐上升的趋势，总体呈现出常年"低—低"集聚的劣势，要加强西部地区的建设。

二、省际经济高质量发展集聚特征分析

（一）综合水平空间演变分析

在时序分析的基础上，进一步从空间的角度探讨高质量发展综合水平的演变特征。通过 Arcgis 软件，对 2008 年、2012 年与 2017 年（选择年份）的综合水平进行空间可视化分析，借鉴魏敏和李书昊（2018）的研究成果，根

据得分情况，将30个省份分为先进型、平庸型和落后型三种类型，以此探讨样本期间内各地区高质量发展水平空间变化情况。

由表3－7可知，2008年，我国经济质量发展整体呈现东中部地区高、西部地区低的趋势，先进型省份包括7个，分别为北京、上海、广东、江苏、海南、浙江和天津，全部属于东部地区；平庸型省份有8个，其中，东部地区有4个，包括山东、辽宁、河北和福建，中部地区有3个，分别为黑龙江、河南、湖北，西部地区只有陕西；落后型省份有15个，其中，中部地区有5个，西部地区有10个。可见，我国经济高质量发展整体较低，先进型经济高质量发展地区仅占23.3%，平庸型占26.7%，落后型占50.0%。整体来看，我国经济高质量发展地区集中在东部地区，中部地区其次，西部地区最差。

表3－7 2008年综合水平空间分布

北京 0.601	天津 0.327	河北 0.170	辽宁 0.234	上海 0.465	江苏 0.361	浙江 0.354	福建 0.232	山东 0.262	广东 0.458
海南 0.356	山西 0.133	吉林 0.142	黑龙江 0.177	安徽 0.146	江西 0.150	河南 0.163	湖北 0.153	湖南 0.139	四川 0.140
重庆 0.145	陕西 0.153	宁夏 0.115	内蒙古 0.145	甘肃 0.113	青海 0.114	新疆 0.122	贵州 0.108	云南 0.128	广西 0.115

由表3－8可知，2012年，我国经济高质量发展依然呈现出东中部地区高、西部地区低的趋势，但相较于2008年，高质量水平有明显的增长，显著地体现在落后地区明显下降、平庸地区明显上升的趋势上。先进型省份仍然都属于东部地区，有6个，占比20.0%；平庸地区有13个，占比43.3%，增长16.6%，其中，中部地区有5个，包括安徽、湖北、江西、河南、黑龙江，相对于2008年增加了2个（安徽、江西），西部地区有3个，分别为陕西、四川和重庆，增加了2个（四川、重庆）；落后地区有11个，占比36.7%，下降了13.3%，经济高质量发展效果良好。

表3－8 2012年综合水平空间分布

北京 0.633	天津 0.332	河北 0.159	辽宁 0.242	上海 0.465	江苏 0.438	浙江 0.368	福建 0.251	山东 0.252	广东 0.460
海南 0.190	山西 0.146	吉林 0.150	黑龙江 0.158	安徽 0.169	江西 0.166	河南 0.165	湖北 0.168	湖南 0.145	四川 0.172
重庆 0.157	陕西 0.188	宁夏 0.095	内蒙古 0.151	甘肃 0.098	青海 0.118	新疆 0.111	贵州 0.083	云南 0.139	广西 0.129

由表 3－9 可知，2017 年，我国经济高质量水平依然呈现东中部地区高、西部地区低的格局，相较于 2012 年，增速保持平稳，三种类型占比保持不变，但黑龙江水平有所下降，进入落后型水平行列，中部地区水平下降。黑龙江属于能源型大省，近几年正处于转换增长动力、转变发展方式的阵痛期，因此，其发展的速度和质量都有所下降；相对于中部地区，西部地区增势良好，云南突破发展瓶颈，进入平庸型水平行列。

表 3－9　　2017 年综合水平空间分布

北京 0.643	天津 0.358	河北 0.186	辽宁 0.223	上海 0.506	江苏 0.397	浙江 0.366	福建 0.304	山东 0.274	广东 0.554
海南 0.245	山西 0.140	吉林 0.152	黑龙江 0.159	安徽 0.209	江西 0.191	河南 0.184	湖北 0.214	湖南 0.177	四川 0.182
重庆 0.188	陕西 0.243	宁夏 0.158	内蒙古 0.166	甘肃 0.123	青海 0.126	新疆 0.115	贵州 0.128	云南 0.198	广西 0.175

（二）五大维度水平空间演变分析

在综合水平的演变和时序分析的基础上，进一步从空间的角度探讨五大维度的演变特征。通过 Arcgis 软件，对 2008 年、2012 年与 2017 年的创新发展、协调发展、绿色发展、开放发展与共享发展进行空间可视化分析，以此探讨样本期间内五大维度的空间变化情况。

1. 创新发展水平空间演变

由表 3－10 可知，2008 年，我国创新发展水平先进型省份集中在东部沿海地区，总共 6 个省份，占比 20.0%，包括北京、广东、浙江、江苏、上海和山东；平庸型地区多为东部地区和中部地区，共 13 个省份，占比 43.33%，其中，东部地区 4 个（天津、辽宁、福建、河北），中部地区 5 个（湖北、河南、湖南、黑龙江、安徽），西部地区 4 个（四川、陕西、重庆、甘肃）；落后型省份共 11 个，占比 36.7%，其中，3 个省份属于中部地区（山西、吉林、江西），1 个属于东部地区（海南），其余省份都属于西部地区。总体来看，我国整体创新发展水平呈现东部沿海地区高，中部地区平庸，西部地区落后的格局，不仅如此，我国创新发展评价指数整体较低，0.30 以上的省份仅有 5 个，0.10 以下的省份有 15 个，占比 50.0%，而且值得注意的是，我国平庸型创新发展省份虽然有 13 个，但是其中 4 个省份都小于 0.1

（河北、黑龙江、安徽、甘肃）。因此，可以得出结论，我国创新发展水平有待提高，全国各个省份创新发展水平都比较低，这是制约我国经济高质量发展的主要原因之一，要引起重视。

表3－10　2008年创新水平空间分布

北京 0.687	天津 0.189	河北 0.098	辽宁 0.161	上海 0.320	江苏 0.332	浙江 0.357	福建 0.113	山东 0.244	广东 0.410
海南 0.016	山西 0.065	吉林 0.064	黑龙江 0.095	安徽 0.091	江西 0.048	河南 0.118	湖北 0.119	湖南 0.101	四川 0.147
重庆 0.108	陕西 0.113	宁夏 0.032	内蒙古 0.037	甘肃 0.079	青海 0.063	新疆 0.028	贵州 0.027	云南 0.053	广西 0.044

由表3－11可知，相较于2008年，2012年创新发展指数变化范围不大，三种类型各省份没有变化，增长幅度也比较慢，依然呈现出东部地区高，中部地区平庸，西部地区落后的分布格局。

表3－11　2012年创新水平空间分布

北京 0.647	天津 0.96	河北 0.089	辽宁 0.132	上海 0.259	江苏 0.432	浙江 0.337	福建 0.115	山东 0.211	广东 0.329
海南 0.016	山西 0.055	吉林 0.060	黑龙江 0.088	安徽 0.123	江西 0.043	河南 0.106	湖北 0.118	湖南 0.096	四川 0.129
重庆 0.080	陕西 0.166	宁夏 0.032	内蒙古 0.051	甘肃 0.072	青海 0.061	新疆 0.022	贵州 0.023	云南 0.052	广西 0.047

由表3－12可知，2017年，我国整体创新水平有所提高，但从分布来看，山东退出先进型创新发展省份，黑龙江和甘肃退出平庸型创新发展省份，进入落后型省份，青海进入平庸型省份行列。但相较于2008年，0.10以下的省份有12个，占比40.0%，下降了10.0%，创新指数呈现增长趋势，但增势比较缓慢。总体来说，我国创新发展水平依然呈现出东部地区高、西部地区低的格局。

表3－12　2017年创新水平空间分布

北京 0.699	天津 0.215	河北 0.112	辽宁 0.145	上海 0.274	江苏 0.355	浙江 0.324	福建 0.150	山东 0.228	广东 0.426
海南 0.016	山西 0.059	吉林 0.076	黑龙江 0.082	安徽 0.143	江西 0.076	河南 0.129	湖北 0.182	湖南 0.121	四川 0.151
重庆 0.111	陕西 0.228	宁夏 0.046	内蒙古 0.049	甘肃 0.086	青海 0.104	新疆 0.027	贵州 0.042	云南 0.062	广西 0.050

2. 协调发展水平空间演变

由表3-13可知，2008年，我国协调发展指数分层明显，先进型省份有6个，占比20.0%，全部属于东部地区；平庸型省份13个，占比43.3%，其中，中部地区除了山西外7个省份全部属于平庸型省份，其余6个省份包括东部地区的福建、山东、河北、海南和西部地区的内蒙古、重庆；落后型省份11个，除了山西外全部属于西部地区，可见，我国西部地区协调发展水平落后，应加强西部地区在消费结构协调、城乡协调、产业结构协调、区域协调的建设。

表3-13　　　　2008年协调水平空间分布

北京 0.896	天津 0.861	河北 0.445	辽宁 0.528	上海 0.870	江苏 0.637	浙江 0.639	福建 0.499	山东 0.526	广东 0.542
海南 0.359	山西 0.298	吉林 0.396	黑龙江 0.454	安徽 0.369	江西 0.404	河南 0.354	湖北 0.417	湖南 0.393	四川 0.282
重庆 0.344	陕西 0.193	宁夏 0.329	内蒙古 0.474	甘肃 0.275	青海 0.205	新疆 0.260	贵州 0.254	云南 0.200	广西 0.266

由表3-14可知，我国协调发展指数高低分布发生了明显的变化，虽然三种类型的数量没有改变，但分布波动较大，突出地表现在中部地区和西部地区方面。2012年，我国协调发展平庸型省份仍然为13个，但是中部地区仅为5个，相较于2008年减少了2个，而西部地区为4个，增加了2个，总体来看，我国经济协调发展态势良好，正在向平衡方面发展。

表3-14　　　　2012年协调水平空间分布

北京 0.911	天津 0.933	河北 0.415	辽宁 0.575	上海 0.913	江苏 0.756	浙江 0.722	福建 0.609	山东 0.539	广东 0.466
海南 0.375	山西 0.421	吉林 0.495	黑龙江 0.490	安徽 0.336	江西 0.448	河南 0.341	湖北 0.442	湖南 0.371	四川 0.442
重庆 0.295	陕西 0.242	宁夏 0.277	内蒙古 0.481	甘肃 0.115	青海 0.390	新疆 0.307	贵州 0.106	云南 0.219	广西 0.209

由表3-15可知，相较于其他年份，2017年，我国经济高质量发展协调发展水平明显提升，突出地表现在落后地区省份明显变少，仅包括8个省份，占比26.7%，相较于2008年、2012年，降低了10%，其中，中部地区仅有山西，其余地区全部为西部地区。协调发展前景良好，增速明显。

表 3-15　　2017 年协调水平空间分布

北京 0.848	天津 0.910	河北 0.392	辽宁 0.386	上海 0.868	江苏 0.802	浙江 0.713	福建 0.630	山东 0.502	广东 0.560
海南 0.422	山西 0.302	吉林 0.387	黑龙江 0.399	安徽 0.350	江西 0.409	河南 0.353	湖北 0.433	湖南 0.336	四川 0.392
重庆 0.397	陕西 0.291	宁夏 0.281	内蒙古 0.379	甘肃 0.031	青海 0.328	新疆 0.254	贵州 0.181	云南 0.183	广西 0.260

3. 绿色发展水平空间演变

由表 3-16 可知，2008 年，我国绿色发展指数不同于其他发展指数，发展效果最好，且分布比较离散。先进型省份 11 个，占比 36.7%，其中，中部地区有江西，西部地区有重庆；平庸型地区 10 个，占比 33.3%，西部地区有 4 个，包括四川、陕西、云南、广西；落后型地区 9 个，占比 30%，中部地区有山西、吉林、黑龙江，这与其能源大省的事实相适应。

表 3-16　　2008 年绿色水平空间分布

北京 0.840	天津 0.746	河北 0.622	辽宁 0.645	上海 0.754	江苏 0.921	浙江 0.825	福建 0.842	山东 0.806	广东 0.713
海南 0.728	山西 0.444	吉林 0.430	黑龙江 0.421	安徽 0.585	江西 0.812	河南 0.637	湖北 0.590	湖南 0.598	四川 0.700
重庆 0.728	陕西 0.682	宁夏 0.420	内蒙古 0.445	甘肃 0.321	青海 0.482	新疆 0.456	贵州 0.459	云南 0.633	广西 0.594

由表 3-17 可知，2012 年，我国绿色发展各地区高低分布更加离散，整体绿色发展水平升高，其中，西部地区先进型省份有重庆和陕西，西部地区绿色发展升高；落后型地区有 8 个，占比 26.7%，比 2008 年降低 3.3%。

表 3-17　　2012 年绿色水平空间分布

北京 0.946	天津 0.667	河北 0.698	辽宁 0.743	上海 0.698	江苏 0.819	浙江 0.756	福建 0.810	山东 0.828	广东 0.710
海南 0.780	山西 0.558	吉林 0.450	黑龙江 0.487	安徽 0.678	江西 0.760	河南 0.620	湖北 0.601	湖南 0.645	四川 0.688
重庆 0.822	陕西 0.722	宁夏 0.352	内蒙古 0.620	甘肃 0.335	青海 0.465	新疆 0.492	贵州 0.460	云南 0.633	广西 0.616

由表3－18可知，相较于其他年份，2017年绿色发展水平趋于平稳，突出地表现在先进型省份除中部地区的黑龙江和西部地区的内蒙古之外，其余全部属于东部地区；平庸型省份11个，除西部地区的重庆之外，其余全部属于东部地区和中部地区，逐渐呈现出东高西低的分布格局，但总的来说，我国绿色发展指数呈上升的趋势。

表3－18　　2017年绿色水平空间分布

北京 0.870	天津 0.706	河北 0.693	辽宁 0.650	上海 0.691	江苏 0.692	浙江 0.526	福建 0.719	山东 0.721	广东 0.527
海南 0.438	山西 0.425	吉林 0.539	黑龙江 0.607	安徽 0.551	江西 0.504	河南 0.481	湖北 0.517	湖南 0.496	四川 0.452
重庆 0.444	陕西 0.454	宁夏 0.259	内蒙古 0.734	甘肃 0.469	青海 0.244	新疆 0.393	贵州 0.237	云南 0.335	广西 0.398

4. 开放发展水平空间演变

由表3－19可知，2008年，我国开放发展水平分布差异大、发展水平低。具体来看，先进型省份有7个，占比23.3%，全部为东部沿海地区；平庸型省份有7个，占比23.3%，其中，3个属于东部地区，包括福建、辽宁、山东，1个属于中部地区（江西），3个属于西部地区，包括云南、重庆、新疆；落后型省份有16个，占比53.3%，除河北之外，其余全部属于中部地区和西部地区，可见，我国开放发展水平很低，是除创新水平之外的第二大制约我国经济高质量发展的重要因素。

表3－19　　2008年开放水平空间分布

北京 0.483	天津 0.336	河北 0.072	辽宁 0.217	上海 0.526	江苏 0.345	浙江 0.263	福建 0.245	山东 0.188	广东 0.511
海南 0.520	山西 0.053	吉林 0.046	黑龙江 0.085	安徽 0.085	江西 0.117	河南 0.070	湖北 0.074	湖南 0.077	四川 0.069
重庆 0.098	陕西 0.082	宁夏 0.029	内蒙古 0.084	甘肃 0.024	青海 0.050	新疆 0.090	贵州 0.026	云南 0.121	广西 0.076

由表3－20可知，虽然2012年我国开放发展水平依旧很低，但相较于2008年，有了一定程度的提升，突出地表现在平庸型省份增加，落后型省份减少。具体来看，平庸型省份增加了2个，其中，中部地区增加了安徽，西

部地区增加了陕西和四川，新疆退出平庸型省份的行列。总体来说，我国创新发展水平有逐年增高的趋势，整体呈现出东部地区高、中西部地区低的分布格局。

表 3－20　　2012 年开放水平空间分布

北京 0.573	天津 0.352	河北 0.071	辽宁 0.276	上海 0.706	江苏 0.386	浙江 0.335	福建 0.305	山东 0.202	广东 0.674
海南 0.268	山西 0.093	吉林 0.062	黑龙江 0.075	安徽 0.132	江西 0.157	河南 0.103	湖北 0.100	湖南 0.083	四川 0.113
重庆 0.164	陕西 0.132	宁夏 0.036	内蒙古 0.072	甘肃 0.025	青海 0.033	新疆 0.094	贵州 0.032	云南 0.163	广西 0.106

由表 3－21 可知，2017 年，我国开放发展指数有了明显的提高，开始有了明显的改善。从 2008 年的仅东部沿海地区向中西部扩散，且效果明显。具体来看，先进型省份有 8 个，相较于 2008 年和 2012 年有所提升；平庸型省份增加了宁夏、广西、湖南、湖北；落后型省份有 11 个，相较于 2008 年下降了 16.7%，相较于 2012 年下降了 10.0%，下降效果明显。而且 2008 年 0.1 以下的省份有 18 个，占比 60%；2012 年有 11 个，占比 36.7%；2017 年有 8 个，占比 26.7%。由此可以看出，我国开放发展前景良好，有逐年上升的趋势。

表 3－21　　2017 年开放水平空间分布

北京 0.562	天津 0.345	河北 0.086	辽宁 0.205	上海 0.715	江苏 0.365	浙江 0.335	福建 0.351	山东 0.204	广东 0.788
海南 0.335	山西 0.072	吉林 0.078	黑龙江 0.074	安徽 0.207	江西 0.177	河南 0.119	湖北 0.146	湖南 0.151	四川 0.114
重庆 0.172	陕西 0.215	宁夏 0.191	内蒙古 0.093	甘肃 0.033	青海 0.045	新疆 0.109	贵州 0.062	云南 0.250	广西 0.185

5. 共享发展水平空间演变

由表 3－22 可知，2008 年，我国共享发展水平先进型省份集中在东部部分沿海地区，总共 7 个省份，占比 23.33%，包括黑龙江、北京、天津、山东、江苏、上海和浙江；平庸型地区多为西部地区和中部地区，共 12 个省份，占比 40%，其中，西部地区 2 个（新疆、青海），中部地区 8 个（内蒙古、吉林、辽宁、河北、河南、山西、陕西、宁夏），东部地区2个（广东、福建）；落后型省份共11个，占比36.67%，其中，东部地区1个（海南），中部地区4个（安徽、湖北、湖南、江西），西部地区6个（甘肃、四川、重庆、贵州、云南、广西）。总体来看，我国整体共享发展水平呈现东部沿海地区高、中部地区平庸、西部地区落后的格局。我国共享发展评价指数整体处于中等偏下水平，0.5以上的省份有5个，占比16.67%；介于0.4～0.5之间的省份有11个，占比36.67%；介于0.2～0.4之间的省份有13个，占比43.33%，因此，我国共享发展水平还有很大提升空间，各个省份共享发展水平还相对较低。共享发展是我国实现经济高质量发展的根本目标，要引起重视。

表3－22　　2008年共享水平空间分布

北京 0.782	天津 0.642	河北 0.463	辽宁 0.444	上海 0.666	江苏 0.492	浙江 0.615	福建 0.459	山东 0.504	广东 0.457
海南 0.214	山西 0.412	吉林 0.425	黑龙江 0.490	安徽 0.322	江西 0.273	河南 0.424	湖北 0.301	湖南 0.242	四川 0.128
重庆 0.242	陕西 0.412	宁夏 0.352	内蒙古 0.411	甘肃 0.295	青海 0.335	新疆 0.361	贵州 0.294	云南 0.262	广西 0.264

由表3－23可知，相较于2008年，2012年创新发展指数变化范围不大，从分布来看，辽宁、福建和广东进入先进型省份行列；安徽、湖北和广西进入平庸型省份行列；黑龙江退出先进型共享发展省份，进入平庸型省份；新疆、青海和宁夏退出平庸型共享发展省份，进入落后型省份，但是依然呈现出东部地区高、中部地区平庸、西部地区落后的趋势。

表3－23　　2012年共享水平空间分布

北京 0.755	天津 0.694	河北 0.430	辽宁 0.484	上海 0.686	江苏 0.569	浙江 0.584	福建 0.495	山东 0.499	广东 0.518
海南 0.277	山西 0.388	吉林 0.423	黑龙江 0.384	安徽 0.356	江西 0.324	河南 0.418	湖北 0.387	湖南 0.327	四川 0.312
重庆 0.314	陕西 0.403	宁夏 0.288	内蒙古 0.438	甘肃 0.290	青海 0.274	新疆 0.281	贵州 0.255	云南 0.279	广西 0.356

由表3－24可知，2017年，我国整体共享水平有所提高，但从分布来

看，辽宁退出先进型共享发展省份，进入平庸型省份；黑龙江、吉林、安徽退出平庸型共享发展省份，进入落后型省份；江西和重庆进入平庸型省份行列。但相较于 2008 年，0.50 以下的省份有 8 个，占比 26.67%，上升了 10.0%，共享指数呈现增长趋势，但增势比较缓慢。总体来说，我国共享发展水平依然呈现出东部地区高、中部地区平庸、西部地区落后的格局。

表 3-24　　2017 年共享水平空间分布

北京 0.468	天津 0.634	河北 0.413	辽宁 0.437	上海 0.637	江苏 0.602	浙江 0.568	福建 0.525	山东 0.519	广东 0.524
海南 0.300	山西 0.351	吉林 0.331	黑龙江 0.315	安徽 0.326	江西 0.364	河南 0.382	湖北 0.380	湖南 0.323	四川 0.301
重庆 0.380	陕西 0.368	宁夏 0.276	内蒙古 0.400	甘肃 0.288	青海 0.246	新疆 0.230	贵州 0.338	云南 0.312	广西 0.360

第四章　中国经济高质量发展驱动因素分析

现有研究在经济增长数量分析框架下考察经济增长影响因素问题，通常将影响经济增长的因素归结为劳动、资本、技术等生产要素；那么，将经济高质量发展的影响因素同样归结为劳动、资本、技术等是否合理？首先，经济增长与经济高质量发展在概念上有着较大的差异，经济增长偏向于反映经济数量的变化，而经济高质量发展则侧重于反映经济发展的质量和内涵；其次，经济增长与经济高质量发展在测度方法上有着明显的不同，经济增长通常用 GDP 或 GDP 增长率这个单一指标衡量，而经济高质量发展则需要通过构建指标体系，运用综合评价方法进行测度。因此，通过将经济增长与经济高质量发展进行对比，将经济高质量发展的影响因素归纳为劳动、资本、技术等并不能够准确地反映经济发展的时代内涵与本质要求。基于此，在高质量发展的背景下，重新认识经济发展的影响因素十分必要。

第一节　经济高质量发展影响机理分析

根据经济高质量发展的内涵要求，在新发展理念的指导下，当前制约经济高质量发展的因素主要体现在发展动力、发展结构、发展效率三个方面。其中，实现新旧动能转换是推动经济高质量发展的核心驱动力，主要表现在创新发展和开放发展两个方面；发展结构不平衡是新时代社会经济发展中的主要矛盾，主要表现在协调发展方面；经济高质量发展的目标是实现共享社会经济发展成果，前提是在生产要素投入有限的条件下提升效率，主要表现在绿色发展和共享发展两个方面。图 4－1 展示了经济高质量发展的理论分析框架。

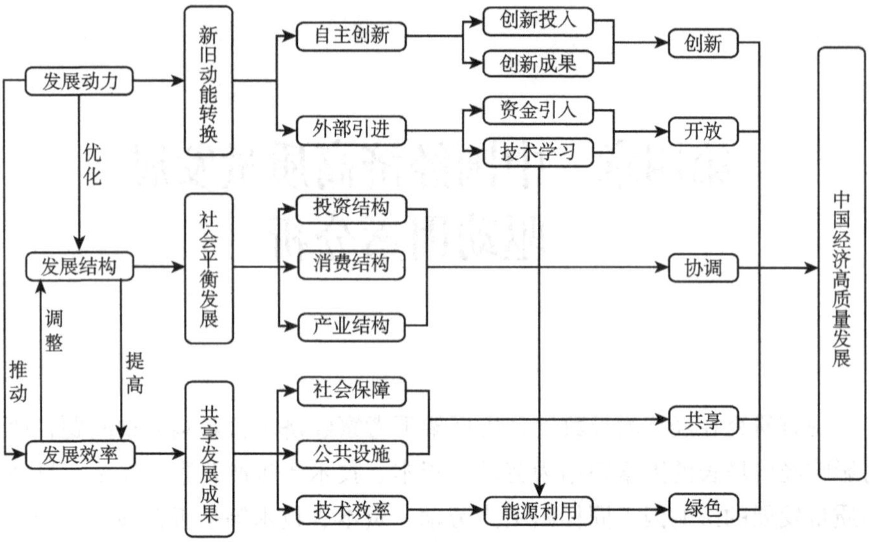

图 4－1　经济高质量发展驱动因素理论分析框架

一、发展动力促进社会进步，激发发展活力

经济高质量发展需要动力驱动，其中，实现新旧动能转换是经济高质量发展的核心驱动力，而实现新旧动能转换的条件是科技创新。创新有两条途径：一是自主创新，二是引进、模仿学习。自主创新要考虑科技创新投入和创新成果的转化；引进、模仿学习主要是指引进资金进行自我研发创新、对自身不具备的技术进行模仿学习。创新的价值在于实现创新投入与创新成果之间的转化、发挥创新成果的市场价值、实现技术商业化，进而成为推动经济高质量发展的发展动力。创新技术可以促进产业转型升级，技术进步为产业部门引入先进生产设备和高素质劳动者，不仅提高了劳动效率和资源利用率，而且减少了污染物的排放量，使得产业逐渐向低能耗、低污染、高产、高效转型，减少高耗能产业在经济总量中的比重。创新发展为资源开采、能源重复利用等提供了技术支持，资源开采技术的进步使得人们可以开采出更多的资源和清洁能源，有效扩大资源供给；能源的重复利用可以提高能源利用率，有效扩大能源供给、降低对生态环境的破坏。因此，发展动力主要通过创新这一途径来影响我国经济高质量发展，引导我国经济向健康、可持续方向高质量发展。

二、发展结构影响社会协调，促进平衡发展

发展结构主要影响社会的均衡发展，包括产业结构、消费结构和投资结构。发展结构平衡主要是指产业结构、消费结构和投资结构的平衡。产业结构的均衡在于优化产业结构，淘汰落后产能产业或者转变工业生产方式，发展符合时代要求的新兴产业，满足人民群众不断变化的生活需要和社会多样化的需要，促进消费升级，促进产业升级。居民消费结构反映了居民的生活水平和生活质量，随着产品的逐步多样化和服务业的逐步发展，居民消费已不再局限于衣、食、住、行等基本生活产品，消费行为多样化，促进了新兴产业的崛起，优化了产业结构。投资结构的均衡在于政府对公共设施、社会福利等行业的投资，投资结构的均衡可以提高人们的生活质量，满足人们对美好生活的追求。产业、消费和投资结构在城乡之间的差距在城乡发展上表现得尤为明显，工业发展的基础集中在城镇，随着城市化的发展，农村人口向城市转移已成为社会发展的常态，城镇消费和投资水平远远高于农村；因此，城乡产业结构、消费结构和投资结构的平衡可以促进中国经济的高质量发展。产业结构的优化升级和新兴产业的发展需要发展动力提供技术支撑，因此，发展动力在一定程度上优化了发展结构，发展结构从产业、消费和投资结构平衡等协调发展方面影响着我国经济高质量发展。

三、发展效率影响能源利用和人民生活

共享发展成果是经济高质量发展的目标，实现共享就要利用有限的资源得到最多的产出，分配给全体人民，因而关键在于提高效率。但是高质量发展不再仅仅单纯追求效率问题，在提高生产效率促进经济增长的同时要考虑能源消耗和人民美好生活的问题。我国传统工业普遍具有能耗大、利润低的弊端，虽然可以通过提高劳动和资本效率来提高增加值进而提高地区生产总值，但是高能耗会带来能源枯竭和环境污染等问题，与可持续发展和经济高质量发展中的绿色发展理念相违背。然而，作为世界头号工业生产国，工业在我国国民经济中占有重要地位，我国经济发展离不开工业支撑，因此经济绿色可持续发展的关键在于减少能源消耗量。人均能源消费量的降低意味着在总人口基本不变的情况下我国的能源消耗量减少，能源消耗量减少必然带来

污染物排放量减少，进而缓解环境污染问题。发展效率可以满足人民对美好生活的追求，发展效率的提高使得有限的资源能够生产出更多的经济成果，如公共设施、医疗和教育等社会基本保障，越来越多的人可以共享发展成果。综上所述，发展效率会通过绿色和共享两个途径影响我国经济高质量发展。

第二节　变量选取与解释

一、变量选取

基于前述对经济高质量发展驱动因素理论分析的初步结论，考虑因素的可量化程度与数据的可得性，从发展动力、发展结构、发展效率三个方面选择8个指标作为解释变量，选择地区生产总值增长率作为控制变量，以经济高质量发展评价结果为被解释变量，对我国经济高质量发展的影响机制进行定量分析。影响机制指标体系见表4-1。

表4-1　各指标含义及计算方法

<table>
<tr><th colspan="2">变量名称</th><th>指标含义</th><th>计算方法</th></tr>
<tr><td colspan="2">被解释变量</td><td>经济高质量发展综合指数（HEI）</td><td>经济高质量发展评价指标体系测度结果</td></tr>
<tr><td rowspan="8">解释变量</td><td rowspan="3">发展动力</td><td>自主创新（SI）</td><td>国内专利申请受理量/总人口（万人）</td></tr>
<tr><td>产业结构（ISU）</td><td>工业增加值/地区生产总值</td></tr>
<tr><td>技术进步（TP）</td><td>高技术产业主营业务收入/规模以上工业企业主营业务收入</td></tr>
<tr><td rowspan="4">发展结构</td><td>交通和通信消费结构（TCI）</td><td>城镇居民家庭人均交通和通信消费支出/城镇居民人均消费支出</td></tr>
<tr><td>教育文化娱乐消费结构（ECI）</td><td>城镇居民人均教育文化娱乐消费支出/城镇居民人均消费支出</td></tr>
<tr><td>公共设施投资结构（PFI）</td><td>交通运输、仓储和邮政业全社会固定资产投资/全社会固定资产投资</td></tr>
<tr><td>社会保障投资结构（SSI）</td><td>卫生、社会保障和社会福利业全社会固定资产投资/全社会固定资产投资</td></tr>
<tr><td>发展效率</td><td>人均能源消费量（EU）</td><td>能源消费量/总人口</td></tr>
<tr><td colspan="2">控制变量</td><td>经济增长（RGP）</td><td>（报告期地区生产总值/基期地区生产总值）-1</td></tr>
</table>

注：地区生产总值以2000年为基期，利用地区生产总值指数，按可比价格，计算每期剔除物价水平影响后的地区生产总值。

二、变量解释

发展动力：专利申请受理量表征一个国家的自主知识产权，是创新投入与创新成果之间最直接的转化；工业一直被称为国民经济的主导产业，我国是世界头号工业生产国，工业增加值比重是我国创新成果市场价值最直接的体现；高技术产业主营业务收入是新旧动能转换的成果，代表技术商业化的实现。

发展结构：交通、通信和教育文化娱乐消费是城镇居民除住房和基本生活支出之外的服务性消费支出，服务性消费支出的占比反映城镇居民消费结构的变化，同时也反映居民的消费水平和生活质量；公共设施和社会保障投资是各省份在公共设施、社会保障和第三产业方面的固定资产投资，反映各省份固定资产投资方面的结构变化，其中，交通运输、仓储和邮政业是促进经济高质量发展的动力基础，卫生、社会保障和社会福利业是实现人民美好生活的基本保障。

发展效率：人均能源消费量能够说明为满足人民生活和社会正常运行时能源利用情况，人均能源消费量越低说明能源利用率越高，从侧面反映我国创新发展状况和对生态环境保护的重视，在一定程度上代表经济高质量发展效率。同时，公共设施和社会保障投资结构反映我国经济高质量发展追求的目标——共享，因而也是发展效率的一种体现。

第三节　模型构建与数据来源

一、空间权重矩阵选取

构建空间面板模型的前提条件是引入空间权重矩阵，本书借鉴林光平等（2005）计算经济距离的方法，引入经济空间权重矩阵 $W^* = W \times E$，其中，W 是基于地理相邻关系的权重矩阵，E 的主对角元素全为 0，非主对角元素（i，j）为 $E_{ij} = \frac{1}{Y_i}$，$\frac{1}{Y_i}$为地区 i 在样本期间的人均实际地区生产总值。估计模型时，对经济距离空间权重矩阵进行标准化。

二、模型构建

根据上节变量指标选取体系，本书通过建立面板模型进行回归分析：回归分析只是回归模型的基本形式，并未考虑经济发展的空间相互作用因素，如果单纯地用普通的线性回归模型进行回归分析，将造成空间因素的遗漏，因此，本书在上述模型的基础上，参考陈强（2014）《高级计量经济学》中关于空间计量的基本介绍，根据空间计量经济学模型的基本形式，分别构建经济高质量发展影响因素的空间杜宾模型（SDM）、空间滞后模型（SLM）和空间误差模型（SEM）。

空间计量模型主要有空间自回归模型（SAR），又称空间滞后模型（SLM）、空间杜宾模型（SDM）以及空间误差模型（SEM）。这几种模型对问题分析适用性程度存在差异，需要作进一步的比较。考虑本书研究的需要，因为各省份经济高质量发展之间存在着内生交互效应，影响各省份经济高质量发展的因素之间存在外生交互效应，所以选择空间杜宾模型（SDM）来研究空间系统内某省份经济高质量发展对相邻省份的影响，以及影响某省份经济高质量发展的因素对相邻省份经济高质量发展的影响，这些通过被解释变量和解释变量的空间权重来体现；因为各因素对经济高质量发展的影响会有时滞性，所以选择空间滞后模型（SLM）来研究空间系统内某地区经济的高质量发展对相邻地区的影响，这一点通过被解释变量的空间滞后项来体现，强调被解释变量的空间溢出效应；考虑可能会有遗漏变量以及不可观测的随机冲击存在空间相关性，所以选择空间误差模型（SEM）来研究地区间经济高质量发展相互影响的情况，这一点体现在扰动项之间存在依赖性。为了和普通最小二乘估计（OLS）进行对比，选择普通面板回归模型作为参照。因为本书研究使用的是空间面板数据，所以在模型中加入空间效应和时间效应。

$$\text{OLS}: Y_{it} = u_i + \gamma_t + X'_{it}\beta + \varepsilon_{it} \tag{4.1}$$

$$\text{SDM}: Y_{it} = u_i + \gamma_t + \rho w'_i Y_t + X'_{it}\beta + w'_i X_t \delta + \varepsilon_{it} \tag{4.2}$$

$$\text{SLM}: Y_{it} = u_i + \gamma_t + \rho\, w'_i Y_t + X'_{it}\beta + \varepsilon_{it} \tag{4.3}$$

$$\text{SEM}: Y_{it} = u_i + \gamma_t + X'_{it}\beta + \varepsilon_{it}\quad \varepsilon_{it} = \lambda\, w'_i\, \varepsilon_t + v_{it} \tag{4.4}$$

在式（4.1）、式（4.2）、式（4.3）和式（4.4）中，Y_{it}为被解释变量，$w'_i Y_t$为被解释变量的空间滞后，w'_i为空间权重矩阵 W 的第 i 行，X'_{it}为解释变量，$w_i'X_t$为解释变量的外生交互效应，ε_{it}与v_{it}为误差扰动项。ρ为空间自回归系数，表示相邻区域的被解释变量对本区域被解释变量的影响方向和程度，当$\rho>0$时表示空间溢出效应，当$\rho<0$时表示离散效应。β为解释变量的系数，表示解释变量对被解释变量的影响方向和程度。λ为空间自相关系数，u_i为空间特定效应，γ_t为时间特定效应。W为空间权重，本书研究采用了经济权重。

三、数据来源与描述性分析

本书以国内30个省份为研究对象，由于港澳台地区和西藏自治区部分测度指标数据缺失较为严重，因此，本书未将其纳入研究范围。数据来源方面，被解释变量是经济高质量发展评价指标体系测度结果，解释变量和控制变量的数据来源于历年《中国统计年鉴》和国家统计局官方网站及各省份统计年鉴。测度指标数据来源于《中国统计年鉴2021》《中国科技统计年鉴2021》《中国环境统计年鉴2021》《中国能源统计年鉴2021》《中国教育经费统计年鉴(2021)》《中国贸易外经统计年鉴-2021》《中国财政年鉴2021》、各省份统计年鉴与国家统计局官方网站。表4-2中报告了主要变量的基本特征。

表4-2　变量的统计描述

变量类型	变量	平均值	最小值	最大值	标准差
被解释变量	HEI	0.224	0.083	0.677	0.136
解释变量	TP	0.083	0.002	0.300	0.072
	SI	5.700	0.130	49.262	8.422
	ISU	0.393	0.118	0.530	0.082
	TCI	0.125	0.000	0.207	0.026
	ECI	3.176	0.000	0.174	0.020
	PFI	0.098	0.033	0.198	0.035
	SSI	0.008	0.003	0.023	0.003
	EU	0.512	0.860	9.515	1.541
控制变量	RGP	2.538	0.410	7.828	1.522

由表4-2可知，在近14年间，经济高质量发展综合指数的平均值为0.224，标准差为0.136，最大值为0.677，最小值为0.083，因此，我国经济高质量发展水平在时序和空间地域上是有一定差异的；技术进步、人均能源

消费量、产业结构、自主创新和经济增长的最大值和最小值之间有很大差距，且标准差也很大，因而在时间和地域上存在很大差异；交通和通信消费结构、教育文化娱乐消费结构、公共设施投资结构和社会保障投资结构的最大值和最小值之间的差距相对较小，且标准差相对不大，因而在时间和地域上存在较小的差异。

第四节　模型识别检验与估计结果分析

一、模型识别检验

在对数据进行分析之前，需要对序列进行平稳性检验，否则可能会影响最终的分析结果。因为有些序列本身并不平稳，但是回归之后的拟合优度、显著性水平都很好，这时候的回归就是伪回归，回归结果是没有意义的，并不能反映解释变量和被解释变量之间的关系，所以为了确保回归分析结果的有效性，必须对数据进行平稳性检验。本书选择 LLC 单位根检验方法检验变量的平稳性，结果见表 4 - 3。

表 4 - 3　　变量平稳性检验结果

变量	统计量	P 值
HEI	-4.288	0.000
TP	-4.676	0.000
SI	-1.016	0.059
ISU	-2.910	0.002
TCI	-1.517	0.065
ECI	-2.747	0.003
PFI	-5.866	0.000
SSI	-4.963	0.000
EU	-1.767	0.039
RGP	0.054	0.052

由表 4 - 3 可知，显著性水平为 1% 时，经济高质量发展综合指数、技术进步、教育文化娱乐消费结构、产业结构、公共设施投资结构和社会保障投

资结构，通过了平稳性检验；显著性水平为5%时，人均能源消费量通过了平稳性检验；显著性水平为10%时，交通和通信消费结构、自主创新和经济增长通过了平稳性检验，所以各变量均平稳。

二、模型选择

根据前述分析可知，经济高质量发展具有空间相关性，具备建立空间面板模型的前提条件。空间面板模型的多样化和复杂性决定了在建立具体的空间面板模型前必须对空间面板模型的形式进行识别检验，从而避免由于模型形式设定偏差对模型估计的有效性产生影响。本书借鉴韩君和孟冬傲（2018）关于空间面板模型的识别检验，综合运用LM检验、R-LM检验、Wald检验、Hausman检验和LR检验等检验方法构成的检验体系对本书研究的空间面板模型进行识别。结果见表4-4。

表4-4　空间面板模型识别结果

检验方法	检验原假设	统计量	P值
LM检验	LM-Lag	2.680	0.102
	LM-Error	0.385	0.535
	R-LM-Lag	4.136	0.042
	R-LM-Error	1.841	0.175
	检验结果	空间滞后模型	
Hausman检验	随机效应	10.700	0.297
	检验结果	随机效应	
Wald检验	空间滞后模型	26.010	0.000
	空间误差模型	30.930	0.000
	检验结果	空间杜宾模型	
空间面板模型识别结果		随机效应空间杜宾模型	

由表4-4可知，在5%显著性水平时，LM检验结果为空间滞后模型，但是Wald检验结果为空间杜宾模型不能简化为空间滞后模型或空间误差模型，因而最后选择空间杜宾模型，Hausman检验接受随机效应这一原假设，因此，综合各检验结果来看，空间面板模型应设定为随机效应空间杜宾模型比较合理。这充分体现了经济高质量发展空间面板模型的稳定性和一致性，

为空间面板模型估计与空间效应解析奠定了坚实的基础。

三、估计结果分析

根据空间面板模型的识别检验结果，用极大似然估计对随机效应空间杜宾模型进行估计，估计结果见表4-5。

表4-5 随机效应空间杜宾模型估计结果

变量	直接效应	间接效应	总效应
TP	0.186***	0.642***	0.828***
SI	0.002***	-0.003**	-0.001
ISU	0.227***	0.190***	0.417***
TCI	0.025	-0.221	-0.196
ECI	0.074	0.300*	0.374**
PFI	0.129***	0.121	0.250*
SSI	1.021**	0.314	1.336
EU	-0.009***	-0.014*	-0.023***
RGP	0.011***	0.007	0.018***

注：*、**、***分别表示在10%、5%、1%的显著性水平统计显著。

第一，发展动力不仅促进各省份自身经济高质量发展，同时还会影响相邻省份经济高质量发展。技术进步和产业结构对经济高质量发展综合指数有显著的正向直接效应和空间溢出效应，影响程度分别为0.186、0.642和0.227、0.190，表明技术进步和产业结构对各省份自身和其相邻省份经济高质量发展产生积极的促进作用。可能原因是科技进步带来了新的工业发展，且传统利润低、能耗大等工业逐渐转型为利润高、能耗低的高技术产业；科技进步所带来的产业结构的转变是各省份共同作用的结果，我国多数省份的产业结构基本相同，在符合相关政策的前提下，对产业发展结构会相互效仿，且各省份之间存在货物流通、技术交流学习等，一个省份的经济高质量发展会受到相邻很多省份科技进步的影响。自主创新对经济高质量发展综合指数有显著的正向直接效应和负向空间溢出效应，影响程度分别为0.002和-0.003，表明自主创新对自身经济高质量发展有积极影响，对相邻省份有消极影响，但影响程度都不大。可能原因是自主创新一方面需要大量的人力、财力和物力，另一方面创新成果产生成效具有时滞性，对经济发展起不到立竿见影的效果；不同省份经济发展不同，自主创新的投入有很大差异，不发达地区在这方面可能比较欠缺，发达地区在这方面的投入又需要大量的经费和时间才能发挥出作用，可能会对相邻省份经济高质量发展产生很小的抑制作用。

第二，发展结构对各省份经济高质量发展有不同的影响效应。公共设施投资结构和社会保障投资结构对各省份自身经济高质量发展有显著的影响，影响程度分别为0.129和1.021。可能原因是各省份经济发展需要交通、通信等基础设施的推动，交通的闭塞会切断经济发展渠道，阻碍各省份之间的经济来往；人民美好生活的满足不仅表现在人民自身生活水平的提高，还表现在发展成果的共享，各地区的公共设施和服务等最大惠及的是各地区居民。教育文化娱乐消费结构只对各省份的相邻省份有显著的影响，影响程度为0.300。可能原因是我国的教育文化娱乐消费水平较低，但随着人们生活质量的提高，人们慢慢重视生活的品质开始享受生活，人们的活动范围不再仅仅局限于自己居住的城市，如去外地旅游、学习、参观等，在一定程度上带动相邻地区的经济发展。交通和通信消费结构对经济高质量发展的影响不显著。可能原因是居民交通和通信支出在居民消费支出中的占比很小，因而在促进经济高质量发展中所起作用很小。

第三，发展效率会抑制各省份自身和其相邻省份经济高质量发展。人均能源消费量对经济高质量发展综合指数有显著的正向直接效应和负向空间溢出效应，影响程度分别为-0.009和-0.014，表明人均能源消费量对各省份自身和其相邻省份经济高质量发展有消极影响。可能原因是能源消费会带来环境污染和能源枯竭问题，不符合绿色发展和可持续发展的理念，因此，我们需要用最少的能源生产最大的产出，提高能源的利用效率，降低人均能源消费量。

第三篇

重点区域经济高质量发展测度

我国幅员辽阔、人口众多，各地区自然资源禀赋差别之大在世界上是少有的，统筹区域发展从来都是一个重大问题。党的十八大以来，党中央提出了京津冀协同发展、长江经济带发展、粤港澳大湾区建设、长三角一体化发展等新的区域发展战略。2020 年 11 月 14 日，习近平总书记在南京召开全面推动长江经济带发展座谈会，这是长江经济带发展的第三次座谈会，也是党的十九届五中全会之后的第一次专题座谈会。会议总结了五年来的成就：长江经济带生态环境保护发生了转折性变化，经济社会发展取得历史性成就。面向未来，长江经济带要努力建设人与自然和谐共生的绿色发展示范带，保持长江生态原真性和完整性，使长江经济带成为我国生态优先绿色发展主战场①。2019 年 9 月 18 日，习近平总书记在郑州主持召开黄河流域生态保护和高质量发展座谈会并发表重要讲话，提出黄河流域生态保护和高质量发展②。中共中央、国务院在 2003 年出台《关于实施东北地区等老工业基地振兴战略的若干意见》，标志着东北振兴战略的正式实施；在 2016 年出台《关于全面振兴东北地区等老工业基地的若干意见》，明确了新一轮东北振兴战略的总体思路与发展目标。2018 年，习近平总书记在东北三省考察，提出“以培育壮大新动能为重点，激发创新驱动内生动力”③。在高质量发展阶段，东北地区如何走出一条高质量发展的振兴之路？当前，我国经济已由高速增长向高质量发展转变，对区域经济高质量发展的深入研究有利于区域经济协调以及经济发展质量的整体提升。

本篇主要研究三个重要问题：第一，通过对长江经济带总体、各省份及上中下游经济高质量发展特征进行分析，探讨其空间特征；并通过对五大维度发展指数进行分析，探讨长江经济带高质量发展指数结果。第二，通过分析黄河流域各省份经济高质量发展水平的基本特征与内部差异，对黄河流域经济高质量发展水平进行测算。第三，通过测度东北地区各省份经济高质量发展水平，分析东北地区总体及各省份经济高质量发展的特征，探讨其时空特征；并通过对五大维度发展指数进行分析，发现东北三省在经济高质量发展过程中的弱势及存在的问题。

---

① 习近平：贯彻落实党的十九届五中全会精神　推动长江经济带高质量发展［J］．中国产经，2020（23）：7－12.

② 习近平在河南主持召开黄河流域生态保护和高质量发展座谈会时强调　共同抓好大保护　协同推进大治理　让黄河成为造福人民的幸福河［J］．中国环境监察，2019（9）：8－11.

③ 史彦泽．培育壮大新动能要突出创新驱动［J］．奋斗，2018（19）：22－23.

第五章　长江经济带高质量发展测度

在我国经济已由高速增长阶段转向高质量发展阶段的新形势下，推动长江经济带高质量发展成为共识。长江经济带因其自身的区位特色和发展状况而备受国人关注；“共抓大保护，不搞大开发”既是长江经济带发展的现实要求，也是“绿水青山就是金山银山”的逻辑诠释，反映出民众对长江经济带生态环境保护的呼声。推动长江经济带高质量发展，既要准确把握长江经济带高质量发展的内涵，又要在实践这个开放体系中，积极探索、大胆创新，不断完善高质量发展的体制机制和政策措施，以共抓大保护推动长江经济带绿色发展，以协调性均衡发展推动长江经济带高质量发展。本章主要对长江经济带高质量发展进行测度，在深入了解长江经济带高质量发展内涵的基础上，构建相应指标体系，对长江经济带高质量发展空间特征、发展指数进行测算分析。

第一节　长江经济带高质量发展指标体系构建

一、长江经济带高质量发展的内涵

准确把握经济高质量发展的内涵是科学构建经济高质量发展评价指标体系的基础。当前，我国社会主要矛盾已经转化为人民日益增长的美好生活需要和不平衡不充分的发展之间的矛盾。在稳定经济增长、优化经济结构、降低能源消耗、应对国际形势等多重约束下，以创新、协调、绿色、开放、共享的新发展理念为引领，走高质量发展道路是解决中国特色社会主义新时代发展矛盾的必然选择，长江经济带的发展也应该是体现新发展理念的高质量发展。本章研究认为，经济高质量发展应是经济全面、高效、稳定和开放的新发展模式和质态，是涵盖“五大发展理念”——创新、协调、绿色、开放及共享的发展。

（一）创新发展

创新是经济高质量发展的动力来源，新常态下创新不足是制约长江经济带高质量发展的最主要的“瓶颈”，创新意味着经济发展的动力要从“要素、投资驱动”的旧动能向“创新驱动”的新动能转变。实现创新效率要不断加大科学技术和R&D经费的投入，提高沿江11个省份的自主创新能力，通过技术创新促进产业升级，同时科技创新的产出与成果也带来了经济新的增长点。本书从创新投入、创新产出、经济增长的效率3个角度来测度长江经济带创新发展的水平，采用R&D经费投入强度、R&D人员投入力度以及技术投入强度指标来反映创新投入情况；人均专利占有量和技术市场成交额占比指标则用来反映创新产出的情况；选取全要素生产率来揭示经济增长的效率。

（二）协调发展

协调发展是经济高质量发展的核心要素，其重要组成部分包括产业协调发展、城乡协调发展、消费协调发展以及经济稳定4个方面的内容，其意味着产业结构不断合理化、城乡收入差距不断缩小、投资消费不断优化、经济稳定可持续发展。产业协调发展水平是由产业结构合理化和产业结构高级化来评判的；适度合理的消费有助于经济平稳健康发展。本书从城乡协调、产业协调、消费协调、经济稳定4个维度考察长江经济带的协调发展水平，具体以城镇化率、城乡居民收入比、城乡居民消费比来反映城乡协调情况；以产业结构高级化指数和产业结构合理化指数表征产业协调，其中，产业结构合理化指数借鉴干春晖（2011）提出的方法，利用三次产业结构和就业结构数据测算泰尔指数；以投资率与消费率来描述消费协调情况；选取经济波动率来反映经济稳定的情况。

（三）绿色发展

绿色发展是经济高质量发展的主要途径，我国过去“高投入、高消耗、高污染”的粗放型经济发展模式在促进经济增长的同时也带来了温室气体和大气污染等非期望产出，对生态环境造成严重的破坏。长江经济带脆弱的生态环境严重制约着沿江11个省份的经济发展，生态保护是长江经济带高质量发展的生命底线。2016年，习近平总书记首次提出，长江经济带的发展必须走生态优先、绿色发展的道路，形成清洁低碳、经济高效、人与自然和谐相处的绿色发展模式，促进生态保护与经济发展和谐并举。改善长江经济带环境状况，不仅需要降低能源消耗和污染物超标排放，还要加大环境污染治理力度，提高能源使用效率。本书从能源消耗、环境污染、环境治理3个维度衡量绿色发展水平，采用单位地区生产总值能耗来反映能源消耗情况；用工业三废测度指标来反映环境污染情况；环境治理情况用绿化覆盖率、工业污染治理强度、一般工业固体废物综合利用率和生活垃圾无害化处理率等指标进行揭示。

（四）开放发展

开放发展是经济高质量发展的外部推力，实现我国开放发展目标的重要途径是外商直接投资和国际贸易。我国对外开放通过干中学，一方面引进国外先进技术提高了自身的国际竞争力，另一方面吸引大量的外商直接投资增加了生产效率。长江经济带对外开放程度总体不足，且区域间存在较大的差异，借助东部港口优势和“丝绸之路经济带”建设，有助于提高长江经济带对外开放水平，促进其参与经济全球化，实现经济高质量发展。本书采用货物进出口总额和实际外商直接投资额两个指标来反映对外开放水平。

（五）共享发展

共享发展是经济高质量发展的根本目标，表现为社会发展成果由民享、民治、民有。因此，高质量的共享发展应该包括收入和消费水平的提高、城镇失业率的减少、教育资源的增加以及医疗卫生的改善。本书从地区共享和公共服务两个维度测度长江经济带的共享水平，采用地区收入共享水平、地区消费共享水平、城镇居民家庭恩格尔系数和农村居民家庭恩格尔系数来测度区域共享情况；用人均教育经费支出、城镇登记失业率、人均卫生医疗支出来反映公共服务的提供情况。

二、长江经济带高质量发展指标体系

长江经济带高质量发展指标体系见表5-1。

表5-1　　长江经济带11个省份经济发展质量测度体系

维度	分项指标	指标名称	指标衡量方式	属性
创新	创新投入	R&D经费投入强度	R&D经费支出/GDP	(+)
		R&D人员投入力度	R&D人员当量/全部从业人员数量	(+)
		技术投入强度	科学技术支出/财政支出	(+)

续表

维度	分项指标	指标名称	指标衡量方式	属性
创新	创新产出	人均专利占有量	国内三种专利授权数/总人口	(+)
		技术市场成交额占比	技术市场成交额/GDP	(+)
	经济增长效率	全要素生产率	DEA-Malmquist 指数法	(+)
协调	城乡协调	城镇化率	城镇人口/总人口	(+)
		城乡收入比	城乡人均可支配收入之比	(-)
		城乡消费比	城乡居民消费水平之比	(-)
	产业协调	产业结构高级化	第三产业产值/第二产业产值	(+)
		产业结构合理化	泰尔指数	(-)
	消费协调	投资率	资本形成总额/GDP	(+)
		消费率	最终消费支出/GDP	(+)
	经济稳定	经济波动率	经济波动率	(-)
绿色	能源消耗	单位 GDP 能耗	能源消耗总量/GDP	(-)
		单位 GDP 废气排放量	SO_2 排放量/GDP	(-)
	环境污染	单位 GDP 废水排放量	废水排放量/GDP	(-)
		单位 GDP 固体废物排放量	工业固体废物排放量/GDP	(-)
		绿化覆盖率	建成区绿化覆盖率	(+)
	环境治理	工业污染治理强度	工业污染治理完成投资/GDP	(+)
		一般工业固体废物综合利用率	一般工业固体废物综合利用率	(+)
		生活垃圾无害化处理率	生活垃圾无害化处理率	(+)
开放	国际贸易	外贸依存度	货物进出口总额/GDP	(+)
	外商投资	外资依存度	实际利用外商直接投资额/GDP	(+)
共享	区域共享	收入共享水平	居民人均 GDP/全国人均 GDP	(+)
		消费共享水平	居民消费水平/全国人均消费水平	(+)
		城镇居民家庭恩格尔系数	城镇居民食品支出/城镇居民消费支出	(-)
		农村居民家庭恩格尔系数	农村居民食品支出/农村居民消费支出	(-)
	福利共享	就业水平	城镇登记失业率	(-)
		人均教育经费支出	教育支出总额/人口数	(+)
		人均卫生医疗支出	医疗卫生支出总额/人口数	(+)

注：(+)表示该指标为正向指标，(-)表示该指标为负向指标。

第二节　长江经济带高质量发展空间特征分析

一、数据来源

本书研究采用的数据来源于《中国统计年鉴》《中国能源统计年鉴》《中国科技统计年鉴》《中国环境统计年鉴》《中国教育统计年鉴》以及各省份的统计年鉴。

二、总体经济高质量发展特征

根据构建的经济发展质量评价指标体系及上述测算方法，测算得到2008～2017年长江经济带经济发展质量指数总体变化趋势（见图5-1）。

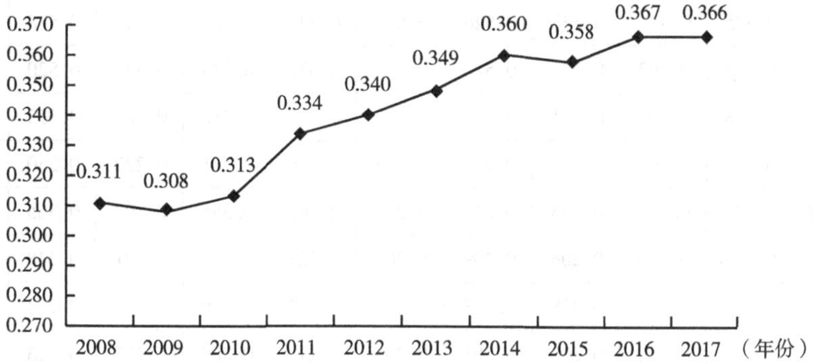

图5-1　长江经济带经济发展质量总体变化

从图5-1中可以看出，长江经济带11个省份经济发展质量指数从2008年的0.311上升到2017年的0.366，虽然整体上呈现上升的趋势，但还是处于较低的水平。具体来看，2008～2019年，长江经济带发展质量指数呈现短暂的小幅回落，2009年达到最低值0.308，2009年以后经济发展状况逐步好转，2009～2014年，长江经济带发展质量指数逐年增强，到2014年经济发展质量指数上升为0.360，相比2009年增长幅度为16.9%，且2010～2011年上升幅度最为显著。可能的原因是2008年全球金融危机对我国以投资和要素驱动等数量型增长的经济发展方式产生了较大的冲击，之后我国积极采取一系列宏观经济政策使经济回暖，2011 年，“十二五”规划的提出加快了我国经济结构的调整和发展方式的转变。2015 年，经济发展质量指数略微下降，下降幅度为 0.56%，可能的原因是，过去我国一味地追求经济快速增长而忽略了创新乏力、区域差距和环境污染等问题。自 2014 年新常态和 2016 年“十二五”规划提出以来，我国经济发展更加注重质量和效率的提升，虽然 2015 年之后经济发展速度有所放缓，但是总体表现为上升的趋势。

三、各省份经济高质量发展特征

根据本书构建的长江经济带 11 个省份经济发展质量测度体系和测度方法，计算得到 2008 ~ 2017 年 11 个省份经济发展质量指数（见表 5 - 2）。

表 5 - 2　　2008 ~ 2017 年长江经济带 11 个省份经济发展质量指数

地区	2008 年	2009 年	2010 年	2011 年	2012 年	2013 年	2014 年	2015 年	2016 年	2017 年
上海市	0.780	0.783	0.777	0.743	0.781	0.760	0.707	0.743	0.738	0.750
江苏省	0.445	0.443	0.438	0.526	0.544	0.547	0.554	0.547	0.538	0.534
浙江省	0.499	0.492	0.501	0.513	0.527	0.532	0.544	0.522	0.520	0.526
安徽省	0.208	0.209	0.211	0.247	0.259	0.277	0.282	0.286	0.353	0.334
江西省	0.193	0.201	0.198	0.228	0.213	0.229	0.221	0.229	0.250	0.270
湖北省	0.221	0.231	0.225	0.239	0.249	0.302	0.358	0.392	0.365	0.360
湖南省	0.203	0.190	0.206	0.209	0.207	0.223	0.239	0.221	0.248	0.269
重庆市	0.273	0.216	0.278	0.258	0.250	0.272	0.300	0.285	0.284	0.262
四川省	0.194	0.188	0.200	0.201	0.205	0.213	0.209	0.211	0.223	0.218
贵州省	0.229	0.236	0.232	0.285	0.248	0.238	0.261	0.240	0.245	0.230
云南省	0.176	0.198	0.180	0.224	0.260	0.245	0.290	0.261	0.269	0.277
平均值	0.311	0.308	0.313	0.334	0.340	0.349	0.360	0.358	0.367	0.366

从表 5 - 2 中可以看出，2008 年长江经济带 11 个省份经济发展质量指数呈现“下游高，中上游低”的空间分布，由高到低排序依次为：上海（0.780）、浙江（0.499）、江苏（0.445）、重庆（0.273）、贵州（0.229）、湖北（0.221）、安徽（0.208）、湖南（0.203）、四川（0.194）、江西（0.193）、云南（0.176）。其中，上海市、浙江省和江苏省 3 大下游省份经济发展质量指数远高于其余 8 省。2008 年，11 个省份的经济发展平均质量指

数为0.311，重庆、贵州、湖北、安徽、湖南、四川、江西、云南8个省份低于平均质量指数。

2017年长江经济带11个省份经济发展质量指数也存在明显的区域差异，总体呈现“下游高，中游平，上游低”的空间分布。上海、江苏和浙江仍然是经济发展质量指数排名前三的省份，分别为0.750、0.534、0.526，其余省份由高到低排序依次为：湖北（0.360）、安徽（0.334）、云南（0.277）、江西（0.270）、湖南（0.269）、重庆（0.262）、贵州（0.230）、四川（0.218）。2017年，11个省份的经济发展平均质量指数为0.366，仍然是湖北、安徽、云南、江西、湖南、重庆、贵州、四川8个省份低于平均质量指数。

从长江经济带11个省份10年的经济发展质量指数变化趋势来看：除上海市出现了下滑外，其余省份均保持稳定发展趋势或实现了不同程度的缓慢提升，具体如下。上海市经济发展质量指数2008～2010年基本保持平稳，2010～2011年有所回落，2011～2012年大幅增加，但2012～2014年又大幅降低，2014年起发展态势较好；江苏省经济发展质量指数在2008～2010年基本稳定，2010～2011年增幅显著，由2010年的0.438上升到2011年的0.526，之后基本保持平稳；浙江省经济发展质量指数除在2009年略有下降外，2009～2014年逐年增加，由2009年的0.492上升到2014年的0.544，2014～2016年又有所回落，2016～2017年出现小幅增加；安徽省经济发展质量指数在2008～2010年基本保持不变，2010～2016年逐年上升，且2015～2016年上升幅度最为明显，2016～2017年小幅回落；江西省经济发展质量指数除2012年短暂下降外，10年间基本保持缓慢增长的趋势，经济发展质量指数由2008年的0.193上升到2017年的0.270；湖北省经济发展质量指数在2008～2012年基本保持平稳，2012～2015年逐年增强，2015年后逐年下降；湖南省经济发展质量指数在除2009年、2015年稍微回落外，总的来看10年间基本保持持续的增长，由2008年的0.203上升到2017年的0.269；重庆市经济发展质量指数在2009年短暂下降到0.216之后，随即2010年又上升到0.278，2010～2017年虽呈现小幅的波动，但基本保持平稳。四川省经济发展质量指数除在2009年小幅回落外，2009年以后进入显著的上升周期，但在2017年又小幅下降；贵州省经济发展质量指数除2011年小幅增加，2012年回落以外，其余年份基本保持平稳；云南省经济发展质量指数从总体来看，在10年间有小幅提升，由2008年的0.176上升到2017年的0.277。这表明11个省份中下游省份经济发展质量指数处于领先地位，但是不同的省份之间又存在很强的区域异质性。

四、上中下游经济高质量发展特征

为进一步更加深刻地研究长江经济带不同区域之间的差异，将沿长江11个省份按照长江上、中、下游区域进行划分。其中，上游区域包括重庆、四川、贵州和云南4个省份；中游区域包括安徽、江西、湖北和湖南4个省份；下游区域包括上海、江苏和浙江3个省份。通过计算图5-2显示了上、中、下游经济发展质量指数和变化趋势。

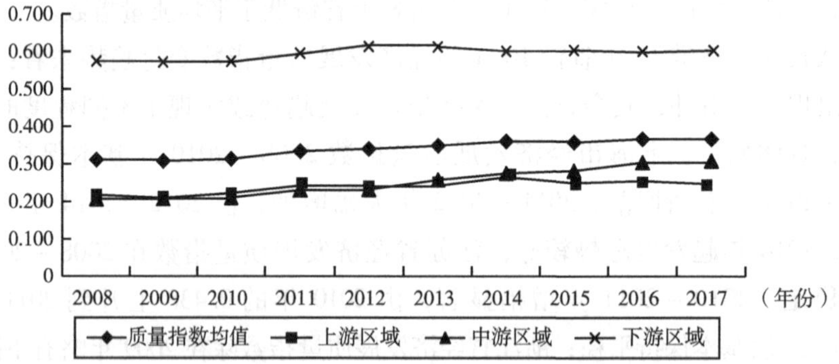

图5-2 上、中、下游经济发展质量指数总体变化

从图5-2中可以看出，2008年长江经济带下游区域经济发展质量指数达到0.575，高于长江经济带平均质量指数0.311，而中游和上游区域分别为0.207和0.218，分别低于平均质量指数0.104和0.093。2017年长江经济带下游区域经济发展质量指数增长到0.603，高于长江经济带平均质量指数0.366，领先幅度达到64.8%，中游和上游区域经济发展质量指数分别增长到0.308和0.247，分别落后平均质量指数0.058和0.119。值得注意的是，2008~2012年，上游区域经济发展质量指数略高于中游区域，波动幅度介于0.002~0.012。2013~2014年，中游区域经济发展质量不断提升，进而反超了上游区域，波动幅度介于0.010~0.062，且随着时间的变化，中游和上游区域差距逐渐扩大。由此可见，长江下游区域经济发展质量指数要远远高于中游和上游区域，中游和下游区域高质量发展质量指数低于平均质量指数，即在2008~2012年，下游区域>平均质量指数>上游区域>中游区域，在2013~2017年，下游区域>平均质量指数>中游区域>上游区域。这表明，下游区域在长江经济带经济高质量发展中处于领先地位，下游区域凭借着独特的地理区位、经济实力、人才集中等优势推动着长江经济带的高质量发展，而近年来上游区域在经济发展中处于落后位置。

第三节　长江经济带高质量发展指数分析

为了更加全面、深刻地认识长江经济带经济高质量发展情况，下面结合创新发展、协调发展、绿色发展、开放发展、共享发展五个方面指数水平，来全面分析沿江11个省份的经济发展质量水平。

一、创新发展指数

从表5-3中可以看出，2008~2017年，在创新发展指数方面，上海、江苏和浙江始终排在前三的位置，且都高于0.40，其余省份创新发展指数都在0.40以下。说明下游区域是推动长江经济带创新指数发展的中坚力量，这可能是因为上海、江苏和浙江是国家的科技创新中心，人才高度集聚，R&D经费和人员投入、技术投入强度、国内三种专利授权数、技术市场成交额和全要素生产率在长江经济带中处于遥遥领先的地位。与之相反，10年间，江西、贵州和云南是创新发展指数始终排在倒数三位的省份，且都低于0.15，远远低于其余省份的创新发展指数。说明江西、贵州和云南是长江经济带创新发展最迫切提升的省份，必须加强创新投入力度，总体来说，长江经济带创新发展指数由下游省份向上游省份逐步降低，但沿江11个省份创新发展指数均呈上升的趋势，不同的省份之间存在显著的差异。

表5-3　2008~2017年长江经济带11个省份创新发展指数

地区	2008年	2009年	2010年	2011年	2012年	2013年	2014年	2015年	2016年	2017年
上海市	0.848	0.878	0.866	0.852	0.799	0.774	0.755	0.789	0.790	0.809
江苏省	0.431	0.451	0.504	0.570	0.599	0.595	0.608	0.587	0.624	0.630
浙江省	0.563	0.511	0.504	0.519	0.557	0.540	0.561	0.529	0.596	0.617
安徽省	0.132	0.131	0.170	0.214	0.230	0.250	0.287	0.296	0.383	0.321
江西省	0.053	0.044	0.044	0.047	0.045	0.056	0.078	0.101	0.124	0.148
湖北省	0.180	0.165	0.176	0.191	0.203	0.316	0.427	0.508	0.455	0.455

续表

地区	2008 年	2009 年	2010 年	2011 年	2012 年	2013 年	2014 年	2015 年	2016 年	2017 年
湖南省	0.141	0.117	0.115	0.115	0.116	0.116	0.142	0.133	0.149	0.172
重庆市	0.226	0.142	0.216	0.167	0.138	0.169	0.239	0.171	0.242	0.206
四川省	0.168	0.152	0.158	0.142	0.150	0.159	0.198	0.225	0.217	0.227
贵州省	0.037	0.020	0.019	0.025	0.017	0.017	0.034	0.055	0.066	0.096
云南省	0.057	0.045	0.038	0.040	0.066	0.052	0.061	0.061	0.066	0.072

从图 5－3 中可以看出，上、中、下游创新发展指数总体均呈现缓慢上升的趋势，10 年间创新发展指数表现出下游区域 > 平均值 > 中游区域 > 上游区域的空间差异，且上、中、下游之间的差异随着时间的推移逐渐扩大。具体来看，下游创新发展指数一直处于较高的水平，且都高于 0.600，下游创新发展指数由 2008 年的 0.164 上升至 2017 年的 0.685；中、上游创新发展水平均低于 0.370，上游区域创新发展指数由 2008 年的 0.122 上升到 2017 年的 0.150，上升幅度仅为 23.0%；中游创新发展指数由 2008 年的 0.287 上升至 2017 年的 0.370，上升幅度为 28.9%。值得注意的是，从 2010 年起，中游创新发展指数出现了明显的上升期，说明中游区域创新发展理念有所增强，逐渐加大了 R&D 经费和人员投入、技术投入强度等，但是上游区域对创新发展理念和要求的重视程度显然不足，亟待提升。

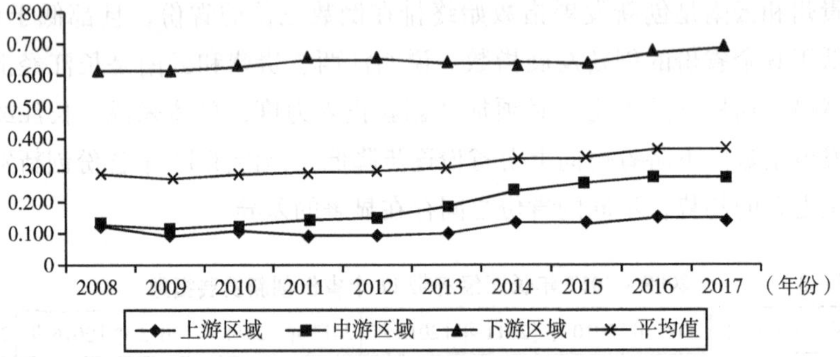

图 5－3 上、中、下游创新发展指数

二、协调发展指数

从表 5－4 中可以看出，上海市是 10 年间协调发展指数表现最为优异的一个省份，协调发展指数始终保持在 0.600 以上；云南省排名从 2008 年的倒数第1名一跃成为第2名，说明云南省充分重视经济协调发展，协调发展水平有了很大的提升；浙江省从2008年的第6名上升到2017年的第3名，协调发展指数处于不断上升的趋势；江苏省从2008年的第7名上升到2017年的第4名；四川省从倒数第2名上升到第5名；说明这些省份城乡差距不断缩小，产业结构不断合理化，云南省是上游区域中协调发展指数最高的省份。值得注意的是，重庆市排名则从2008年的第2名下降至倒数第2名，是11个省份中下降幅度最为明显的地区。2017年协调发展指数处于后6位的分别为：贵州（0.320）、江西（0.307）、湖南（0.301）、湖北（0.296）、重庆（0.268）、安徽（0.247），且都低于平均值0.358，说明这些省份对协调发展的重视不足，城乡差距不断加大，产业结构不协调，消费结构不合理。

表5-4　2008~2017年长江经济带11个省份协调发展指数

地区	2008年	2009年	2010年	2011年	2012年	2013年	2014年	2015年	2016年	2017年
上海市	0.608	0.707	0.692	0.728	0.756	0.715	0.688	0.671	0.605	0.611
江苏省	0.371	0.393	0.468	0.416	0.490	0.412	0.388	0.398	0.337	0.367
浙江省	0.373	0.409	0.454	0.426	0.518	0.459	0.402	0.394	0.357	0.392
安徽省	0.351	0.324	0.313	0.287	0.318	0.252	0.256	0.258	0.353	0.247
江西省	0.356	0.351	0.342	0.315	0.386	0.347	0.266	0.285	0.304	0.307
湖北省	0.414	0.390	0.377	0.344	0.347	0.330	0.306	0.281	0.248	0.296
湖南省	0.411	0.413	0.370	0.321	0.358	0.276	0.261	0.263	0.251	0.301
重庆市	0.471	0.338	0.280	0.301	0.281	0.309	0.297	0.331	0.273	0.268
四川省	0.342	0.333	0.350	0.321	0.351	0.341	0.320	0.300	0.313	0.328
贵州省	0.451	0.488	0.429	0.500	0.423	0.409	0.402	0.369	0.340	0.320
云南省	0.299	0.415	0.429	0.463	0.476	0.503	0.536	0.487	0.484	0.506

从图5-4中可以看出，下游协调发展指数呈倒“U”型增长，中游除2012年略有上升之外，总体上呈波动下降趋势，上游基本保持平稳状况，10年间协调发展指数表现为：下游区域>平均值>上游区域>中游区域。具体来看，下游是协调发展指数最高的区域，且都高于0.400，由2008年的0.450上升到2012年的最大值0.588，之后下降到2017年的0.457；2008~2014年，上游协调发展指数低于平均值，但在2014~2017年上游协调发展指数已到达了平均水平，总体来说，上游协调发展指数在平均值0.400上下波动，波动幅度较小；中游协调发展指数是最低的，由2008年的0.383下降

到2017年的0.288，虽2012年略有上升，但幅度不大。由此可见，长江经济带存在着严重的发展不平衡和不充分的问题，尤其是中游区域更应该充分重视区域协调发展、城乡协调发展、消费协调发展，促进经济稳定增长。

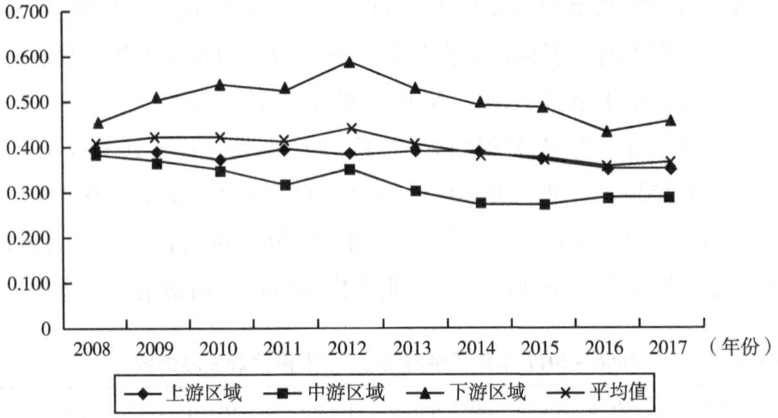

图5-4 上、中、下游协调发展指数

三、绿色发展指数

从表5-5中可以看出，2008~2017年，上海绿色发展指数呈现上升的趋势，江苏、浙江、安徽、江西、湖南绿色发展指数呈现先下降后上升交替波动的趋势，而与其相反，湖北则呈现先上升后下降交替波动的趋势，重庆、四川、贵州、云南呈现波动下降的趋势。2008年，绿色发展指数排名前三位的是江苏省、重庆市、浙江省，分别为0.646、0.566、0.544；2010年，云南省、湖北省、贵州省绿色发展指数排名前三位，分别为0.644、0.606、0.593；2012年排名前三位的是贵州、浙江、江苏，分别为0.575、0.569、0.567；2014年绿色发展指数排名前三位的是浙江、江苏、上海，分别为0.815、0.674、0.664；2017年，上海、安徽、浙江是绿色发展指数排名前三位的省份，分别为0.803、0.671、0.596。

表5-5 2008~2017年长江经济带11个省份绿色发展指数

地区	2008年	2009年	2010年	2011年	2012年	2013年	2014年	2015年	2016年	2017年
上海市	0.524	0.499	0.449	0.441	0.528	0.572	0.664	0.658	0.766	0.803
江苏省	0.646	0.575	0.474	0.511	0.567	0.726	0.674	0.732	0.750	0.576

续表

地区	2008 年	2009 年	2010 年	2011 年	2012 年	2013 年	2014 年	2015 年	2016 年	2017 年
浙江省	0.544	0.575	0.445	0.474	0.569	0.758	0.815	0.792	0.758	0.596
安徽省	0.442	0.489	0.358	0.371	0.440	0.641	0.506	0.548	0.737	0.671
江西省	0.373	0.338	0.288	0.309	0.299	0.457	0.369	0.454	0.382	0.370
湖北省	0.436	0.618	0.606	0.317	0.415	0.482	0.478	0.396	0.512	0.405
湖南省	0.443	0.460	0.406	0.337	0.421	0.499	0.487	0.555	0.539	0.443
重庆市	0.566	0.516	0.486	0.428	0.453	0.626	0.556	0.537	0.483	0.393
四川省	0.481	0.374	0.294	0.364	0.348	0.416	0.368	0.341	0.358	0.270
贵州省	0.514	0.549	0.593	0.605	0.575	0.456	0.456	0.378	0.333	0.223
云南省	0.472	0.515	0.644	0.412	0.547	0.392	0.439	0.424	0.233	0.128

从图 5-5 中可以看出，下游和中游绿色发展指数均呈相同的先下降后上升交替波动的趋势，只是各自到达波峰和波谷的时刻有所不同，上游绿色发展指数呈下降的趋势，2013~2017 年，绿色发展指数大致表现为下游区域 > 平均值 > 中游区域 > 上游区域，且随着时间的推移，上、中、下游区域之间差距逐渐扩大。具体来看，2008~2011 年，上、中、下游绿色发展指数波动变化幅度较大，总体呈现波动下降的趋势，上游由 2008 年的 0.508 下降至 2011 年的 0.452，中游由 2008 年的 0.424 下降至 2011 年的 0.334，下游由 0.572 下降至 0.475，说明在此期间长江经济带整体绿色发展状况有恶化的趋势，可能的原因是，2008 年金融危机之后，各省份积极采取措施复苏经济，使得工业快速发展，工业三废排放的增加使得环境不断恶化。2011~2017 年，中下游绿色发展指数快速增长，环境状况明显得到了改善，而上游区域出现了逐年恶化的趋势。下游区域绿色发展指数由 2011 年的 0.475 上升至 2017 年的 0.658；中游由 0.334 上升至 0.472，且中下游区域都在 2016 年达到峰值，可能的原因是，2011 年作为“十二五”规划的开局之年，中下游各省区加大了环境污染治理力度，能源消耗和工业三废排放总量减少、绿化覆盖率增加、工业污染治理强度增大、固体废物综合利用率和垃圾无害化处理率得到提升。下游区域绿色发展指数处于不断下降的趋势，从 2011 年的 0.452 下降到 2017 年的 0.254，下降幅度为 78%，可能的原因是，上游区域的生态屏障遭到了严重的破坏，短期内还不能使其得到快速恢复，上游经济的落后也使得其对环境污染治理的投资力度不够。

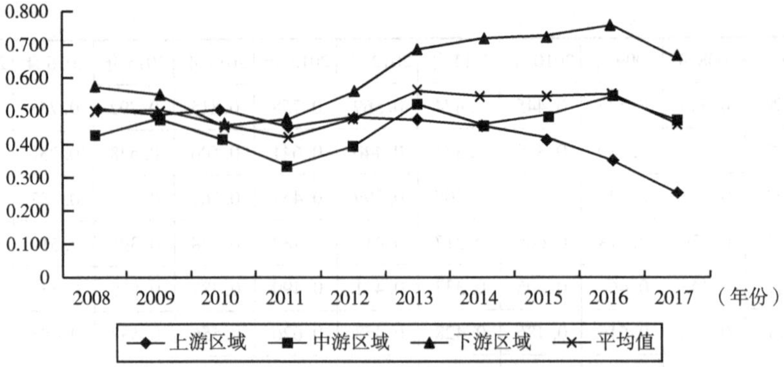

图5-5　上、中、下游绿色发展指数

四、开放发展指数

由于在某些年份，上海市对外开放所选2个指标数值都是最高的，而贵州省则是最低的，依据熵权-TOPSIS法的性质，计算出的个别年份开放指数中上海市为1，贵州省为0（见表5-6）。

表5-6　　2008~2017年长江经济带11个省份开放发展指数

地区	2008年	2009年	2010年	2011年	2012年	2013年	2014年	2015年	2016年	2017年
上海市	0.972	0.989	0.985	1.000	1.000	1.000	1.000	1.000	1.000	0.972
江苏省	0.557	0.540	0.532	0.494	0.472	0.444	0.411	0.404	0.413	0.425
浙江省	0.414	0.432	0.414	0.402	0.393	0.411	0.417	0.425	0.459	0.468
安徽省	0.118	0.119	0.131	0.146	0.159	0.170	0.175	0.189	0.316	0.369
江西省	0.140	0.156	0.174	0.185	0.172	0.166	0.171	0.186	0.308	0.367
湖北省	0.082	0.087	0.080	0.072	0.069	0.074	0.080	0.092	0.165	0.202
湖南省	0.087	0.096	0.089	0.090	0.090	0.093	0.102	0.113	0.209	0.270
重庆市	0.113	0.144	0.117	0.209	0.193	0.236	0.300	0.225	0.196	0.174
四川省	0.070	0.092	0.114	0.156	0.138	0.129	0.121	0.104	0.135	0.153
贵州省	0.000	0.000	0.000	0.000	0.000	0.000	0.001	0.009	0.016	0.002
云南省	0.044	0.053	0.070	0.061	0.072	0.075	0.081	0.075	0.052	0.049

从表5-6中可以看出，2008~2017年，上海、江苏、浙江、贵州、云南开放发展指数基本保持稳定，但区域之间存在明显的差异；安徽、江西、湖北、湖南呈现上升的趋势；重庆、四川呈先上升后下降交替波动的趋势。

在2008～2017年10年间，开放发展指数始终排名前三位的省份是上海市、浙江省、江苏省，其2017年开放发展指数分别为0.972、0.468、0.425，全部都是下游的省份；在这10年间开放发展指数始终排名后三位的省份是贵州省、云南省、四川省，2017年开放发展指数分别为0.002、0.049、0.153，且全部都是上游省份。值得注意的是，重庆市是上游区域中表现最为优异的省份，开放发展指数由2008年的第6名上升至2014年的第4名，之后又下降至2017年的第7名，虽变动幅度较大，总体上呈现波动上升的趋势。2015年之后安徽、江西、湖南、湖北、四川等5个省份开放发展指数均出现了大幅度的提升，到2017年达到峰值，增长幅度依次为：95.2%、97.3%、119.6%、139.9%、47.1%，说明新常态提出以来，中游区域和四川省高度重视对外开放并积极实施对外开放战略，货物进出口总额和实际利用外商投资额不断提升。

从图5-6中可以看出，2008～2017年，下游和上游开放发展指数均呈小幅波动，但基本保持平稳，中游区域开放发展指数在2008～2015年保持平稳的趋势，2015年后进入大幅的上升期，10年间开放发展指数大致表现为下游区域>平均值>中游区域>上游区域，且区域之间的差距十分显著。具体来看，下游开放发展指数处于遥遥领先的地位，且都高于0.600，下游开放发展指数由2008年的0.648下降到2017年的0.622，下降幅度不足4%，但总体上看处于较高的水平，说明下游区域开放发展水平稳中有进、稳中向好。中游开放发展指数在2008～2015年都高于0.100，之后从2015年的0.145上升至2017年的0.302，上升幅度为108%，说明中游区域开放发展水平得到了很大的提升，但仍低于长江经济带的均值水平，相比下游还有很大的差距。上游开放发展指数在0.100上下波动且幅度较小，由2008年的0.057上升至

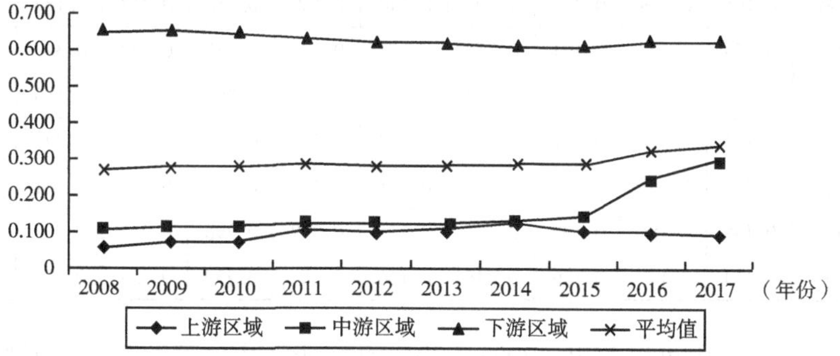

图5-6　上、中、下游开放发展指数

2017 年的 0.094，上升幅度为 65%，但是却处于很低的水平，说明上游对外开放水平最为落后，受到地理位置的限制，对外开放程度明显不足，但具有很大的提升空间。

五、共享发展指数

从表 5-7 中可以看出，上海、四川共享发展指数呈波动下降的趋势；江苏、湖北、贵州呈持续快速上升的趋势；浙江、湖南、重庆呈波动上升的趋势；安徽、江西呈先上升后下降的波动趋势。2008~2017 年，共享发展指数始终排名前三位的是上海、江苏和浙江，且都高于 0.400，2017 年上海、江苏、浙江共享发展指数分别为 0.767、0.593、0.529，说明下游区域共享发展水平较高，人民幸福感较强。2008 年、2010 年、2012 年共享发展指数始终排在后三位的是湖南、云南、四川；2014 年安徽、云南、四川共享发展指数位居后三位，分别为 0.249、0.239、0.088；2017 年共享发展指数排在后三位的是江西、湖南、四川，分别为 0.200、0.199、0.076，可能的原因是，这些省份经济发展水平不够高，且人口众多，在教育经费、卫生医疗方面的投入较少，食品支出所占的比重较高。

表 5-7 2008~2017 年长江经济带 11 个省份共享发展指数

地区	2008 年	2009 年	2010 年	2011 年	2012 年	2013 年	2014 年	2015 年	2016 年	2017 年
上海市	0.881	0.781	0.788	0.844	0.903	0.781	0.644	0.722	0.758	0.767
江苏省	0.372	0.393	0.473	0.526	0.503	0.568	0.607	0.597	0.576	0.593
浙江省	0.472	0.493	0.572	0.599	0.513	0.565	0.589	0.569	0.508	0.529
安徽省	0.174	0.192	0.258	0.241	0.233	0.233	0.249	0.232	0.182	0.215
江西省	0.161	0.224	0.219	0.300	0.240	0.259	0.255	0.217	0.187	0.200
湖北省	0.153	0.127	0.194	0.253	0.254	0.292	0.355	0.380	0.349	0.338
湖南省	0.120	0.112	0.134	0.229	0.188	0.268	0.260	0.180	0.183	0.199
重庆市	0.174	0.167	0.191	0.259	0.283	0.258	0.255	0.271	0.243	0.250
四川省	0.074	0.149	0.107	0.095	0.115	0.130	0.088	0.086	0.081	0.076
贵州省	0.138	0.186	0.199	0.185	0.215	0.279	0.298	0.292	0.283	0.288
云南省	0.124	0.147	0.146	0.146	0.166	0.166	0.239	0.154	0.176	0.234

从图 5-7 中可以看出，2008~2017 年，上、中、下游共享发展指数均呈现缓慢上升的趋势，10 年间共享发展指数大致表现为下游区域 > 平均值 >

中游区域>上游区域，且上游与下游间的差距最为明显。具体来看，下游共享发展指数由2008年的0.575上升到2017年的0.630，上升幅度为9.6%，且远远高于平均水平；中游由2008年的0.152上升至2017年的0.238，上升幅度为56.6%；上游由2008年的0.127上升到2017年的0.212，上升幅度为66.9%。由此可见，下游共享发展水平处于遥遥领先的地位，但中、上游区域差异不太明显，这表明，长江经济带共享高质量发展省份主要集中在下游区域。总体来看，共享发展指数处于不断上升的趋势，说明沿江11个省份的居民收入和消费水平不断提升、食品支出所占比重有所下降，失业率不断减少、教育和医疗方面的投入逐渐加大，人民在社会生活中获得更多的幸福感和满足感。

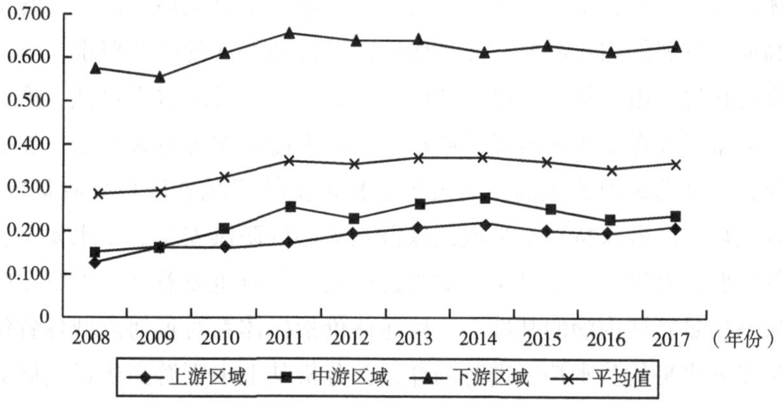

图5-7　上、中、下游共享发展指数

第六章　黄河流域高质量发展测度

保护黄河是事关中华民族伟大复兴和永续发展的千秋大计。黄河流域高质量发展，同京津冀协同发展、长江经济带发展、粤港澳大湾区建设、长三角一体化发展一样，是重大国家战略。这一重大国家战略的诞生，既是推动经济高质量发展的内在需要，又是促进区域协调发展的必然要求。与长江经济带发展相比，由于位于黄河流域西部的省份经济发展水平更低，推动黄河流域高质量发展在缩小东西部区域经济差距上能够发挥更大作用。加强黄河治理保护，推动黄河流域高质量发展，积极支持流域省区打赢脱贫攻坚战，解决好流域人民群众特别是少数民族群众关心的防洪安全、饮水安全、生态安全等问题，对维护社会稳定、促进民族团结具有重要意义。本章在归纳黄河流域高质量发展内涵的基础上，构建评价指标体系对黄河流域各省份经济高质量发展水平的基本特征进行测算，并分析其上中下游高质量发展的内部差异。

第一节　问题提出

2019 年 9 月，习近平总书记在河南郑州召开了黄河流域生态保护和高质量发展座谈会，提出了黄河流域生态保护和高质量发展的重大国家战略。[①] 黄河流域作为我国重要的生态屏障与经济地带，由于历史、自然等原因，社会经济发展相对滞后，满足居民美好生活需要的程度较低，是发展不平衡，生态、民生短板等突出问题的典型区域。因此，黄河流域实现高质量发展对

---

① 习近平．在黄河流域生态保护和高质量发展座谈会上的讲话［J］．奋斗，2019（20）：4－10.

于我国具有重要意义。

学术界对于黄河流域研究的历史脉络反映出黄河流域的发展过程。20 世纪中期，由于黄河水害问题突出，相关研究主要关注治理水患、泥沙、水土保持等问题，如张光斗（1951）、黄秉维（1955）。可持续发展定为国家基本战略后，黄河流域的可持续发展问题逐渐成为研究的热点，对于经济、生态可持续发展的相关研究较多。经济方面，主要研究黄河流域综合开发与可持续发展的相互关系，探寻黄河流域开发优势与制约因素，如张彦军（1997）、彭荣胜和覃成林（2009）。生态方面，以粗放型发展带来的过度消耗、污染问题为主要内容，如崔树彬等（1996）、李勇和刘亚州（2010）、张宗娇等（2016）。

自黄河流域生态保护和高质量发展上升为国家战略后，学术界开始关注黄河流域的高质量发展问题。对于黄河流域高质量发展的研究大致可分为以下两类。

第一类研究是通过阐述黄河流域高质量发展的必要性，就如何有效推动黄河流域高质量发展展开。此类研究主要着眼于黄河流域高质量发展对于我国的重要意义，进而剖析黄河流域高质量发展的着力点。例如，任保平和张倩（2019）提出，黄河流域是推动全国区域协调发展的关键地区；金凤君（2019）认为，处理好黄河流域生态保护和高质量发展的关系具有战略意义；陈晓东和金碚（2019）认为，全流域统筹、生态保护、文化传承与创新、人民宜居共享对于推进黄河流域高质量发展具有重要作用；钞小静（2020）认为，应建立协调管理体制，推动黄河流域实现一体化高质量发展。

第二类研究是在第一类研究的基础上，致力于解读黄河流域高质量发展的内涵，对黄河流域高质量发展水平进行量化。高质量发展内涵与测度水平之间具有紧密联系，内涵是支撑测度研究的理论基础，而测度研究则是内涵的量化表征。因此，此类研究的重点在于对黄河流域高质量发展内涵的总结。例如，安树伟和李瑞鹏（2020）认为，黄河流域高质量发展内涵体现在生态优先、市场有效、动能转换、产业支撑、区域协调、以人为本六个方面；徐辉等（2020）认为，可以从经济发展、创新驱动、民生改善、环境状况和生态状况去分析黄河流域高质量发展内涵。

综上，现有研究大多着眼于黄河流域高质量发展的重要意义。相对而言，通过构建评价体系对黄河流域高质量发展水平进行测度的讨论较为匮乏。本书在深入结合黄河流域生态保护和高质量发展座谈会内容的基础上，借鉴前人研究，从普适性和特性两个方面理解和把握黄河流域高质量发展的内涵，并构建黄河流域高质量发展评价指标体系，测算分析2017年黄河流域9个省份高质量发展水平及其空间分布特征，为把握黄河流域各省份的高质量发展水平与规律，推进黄河流域高质量发展提供依据。

第二节　黄河流域高质量发展的内涵与指标体系

一、黄河流域高质量发展的内涵

自党的十九大以来，高质量发展成为支撑新时代国家现代化建设的重要战略，黄河流域高质量发展与新时代高质量发展基调一致，同时，由于黄河流域的区位特征与特殊因素，其高质量发展内涵具有一定的特殊性，侧重点更加鲜明，因此，需要从普适性和特性两方面去归纳黄河流域高质量发展内涵。

（一）高质量发展普适性内涵

黄河流域高质量发展的普适性内涵表征的是以新时代社会主要矛盾为视角的发展状态的判断。广义角度上，高质量发展涵括经济、社会、生态、文化、民生等多个方面，具有多维性。通过借鉴任保平和张倩等（2019）、张军扩等（2019）、李金昌等（2019）的相关研究，本章认为黄河流域高质量发展普适性内涵可体现在绿色发展、经济发展、社会民生、文化建设四个方面。

（二）高质量发展特性内涵

特性内涵反映的是黄河流域的区位特征和特殊因素。相关研究对于特性的考虑如下。徐辉等（2020）认为，对生态保护的充分重视是黄河流域高质量发展内涵的特殊所在，李金昌和任保平（2020）认为，黄河流域高质量发展特殊影响因素表现在生态环境脆弱、少数民族和贫困地区集中等诸多方面。黄河流域高质量发展内涵的特性要先从生态保护对于黄河流域高质量发展的重要性出发，同时考虑黄河流域的现实特征和高质量发展的具体目标。结合黄河流域生态保护和高质量发展座谈会指出的生态保护、水资源集约利用等黄河流域高质量发展的目标任务和对黄河流域相关研究的回顾，本章认为黄河流域高质量发展特性内涵着重体现在流域生态安全和脱贫问题上，其中，生态安全重点体现在生态环境建设、水土治理、水资源集约利用三个具体问题。首先，生态环境是流域居民美好生活的基本要求，提升生态环境质量是黄河流域高质量发展内在要求，而水土流失一直以来是困扰黄河流域的突出问题，对黄河水沙不协调、淤积、泛滥影响较大。其次，黄河流域水资源紧张，人多水少，水资源成为刚性约束，使得节约集约用水成为必然要求。同时，对于脱贫问题，黄河流域是打赢脱贫攻坚战的重要区域，流域贫困人口较多，实现贫困人口脱贫关系到能否彻底打赢脱贫攻坚战。最后，可将黄河流域高质量发展特性内涵的三个生态问题（生态环境建设、水土治理、水资源集约利用）反映在黄河流域生态安全方面，对于脱贫问题，将其与社会民生方面进行综合更加贴切。

综上，从普适性和特性两方面考虑黄河流域高质量发展内涵，重点体现在五个方面，即绿色发展、经济发展、社会民生、文化建设、生态安全。

第一，绿色发展。绿色发展反映了高质量发展的可持续性，黄河流域高质量发展应以绿色发展为主要路径（韩君和张慧楠，2019）。由于过去粗放式的发展方式，使得黄河流域已不再具备承载过度污染的能力，过度污染带来的问题凸显，污水比重明显高于全国平均水平，空气恶化情况突出，严重约束黄河流域的高质量发展。在新时代，黄河流域高质量发展须转变发展方式，减少污染排放，降低能耗，提高黄河流域高质量发展的可持续性。在指标的选取上，以碳排放强度反映区域低碳发展水平，以单位 GDP 能耗衡量区域能源使用效率，以单位 GDP 废水排放、单位 GDP 废气排放、固体废物综合利用率反映区域内污染减排状况。

第二，经济发展。经济发展水平是黄河流域高质量发展的直接体现，是解决流域社会主要矛盾的基本要求（魏敏和李书昊，2018）。首先，黄河流域作为我国重要的经济地带，是农业经济开发重点地区和能源基地，经济发展水平是流域高质量发展的实力体现。其次，经济发展水平是支撑其他领域建设的物质基础，经济实力会作用于民生、基础设施建设，也是地区发展活力、竞争力的集中体现。在指标的选取上，从产业结构、市场活力、结构开放、增长水平等角度考察经济发展。具体以第三产业产值占比描述产业结构优化程度，以 GDP 增长率反映地区经济增长速度，以居民消费贡献率衡量地区经济活力，以外贸开放度反映经济开放水平，以非国有经济投资比重反映地区市场活力，以高新技术创收度反映地区创新能力。

第三，社会民生。社会民生反映了黄河流域居民在高质量发展中的获得程度，高质量发展的本质是为了更好地满足居民美好生活需要。而黄河流域由于历史、地理等多方面原因，经济发展相对滞后，是我国贫困人口集中区域。在新时代，黄河流域高质量发展需要提升社会民生水平，推进城乡协调发展，实现贫困人口脱贫，提高就业和居民收入，完善医疗等社会保障体系。在指标选取上，目前脱贫的基本目标是实现“两不愁三保障”（习近平，2019），具体以贫困农户住房安全比例刻画住房保障力度，以贫困发生率描述地区贫困人口规模，以每万人拥有的卫生床位数衡量基本医疗状况，以失业率反映地区的就业水平，以城乡居民社会养老保险参保比反映地区社会保障水平，以城乡居民收入比反映城乡协调发展水平。

第四，文化建设。文化建设是黄河流域高质量发展的重要环节，是流域高质量发展的重要体现。首先，黄河流域作为中华民族文明的发源地，传统优秀文化底蕴丰厚，黄河流域文化传承与弘扬关乎历史文脉的延续（王积业，2002）。其次，文化实力是促进地区活力、经济发展和综合竞争力强化的重要因素。再次，文化建设是坚定文化自信，实现中华民族伟大复兴的中国梦凝聚精神力量的最好途径。因此，黄河流域高质量发展需要提升文化建设水平。在指标的选取上，文化建设主要从文化资源、市场活力、要素投入三个方面进行考察，具体以每万人享有的博物馆个数、人均图书数量反映地区文化资源水平，以每万人享有的文化事业费衡量资金投入，以文化及相关产业增加值占 GDP 比重、每万人享有的艺术表演团体演出场次表征文化市场活力。

第五，生态安全。生态保护是黄河流域高质量发展的前提，也是居民生活环境的基本要求。黄河流域作为我国重要的生态屏障，流域生态环境脆弱，生态问题较为突出，必须牢牢地抓好黄河流域的生态安全。首先，生态环境建设是流域生态安全的重要体现，是黄河流域高质量发展的基础。其次，从黄河流域的相关研究可知水土流失始终是流域安澜的重点，水土流失在一定程度上造成黄河水沙不协调、淤积、生态环境恶化等一系列问题。最后，水资源紧张使得推进集约节约用水成为黄河流域高质量发展的新要求。因此，黄河生态安全重点包括生态环境建设、水土治理、节约集约用水。在指标的选取上，用水土流失治理强度来衡量地区水土治理力度，用万元 GDP 耗水量来衡量地区用水效率，以污染治理投资强度反映地区治理污染力度；以自然保护区面积占比衡量区域天然生态资产状况，以建成区绿化覆盖率反映居民生活环境的生态水平，以人均造林面积反映区域内生态建设力度。

二、黄河流域高质量发展指标体系

从黄河流域高质量发展内涵出发，同时兼顾系统性、代表性、可得性、有效性等原则对指标体系进行指标选取。构建的黄河流域高质量发展指标体系由绿色发展、经济发展、社会民生、文化建设、生态安全5个子系统，共28个指标构成，见表6－1。

表6－1　　黄河流域高质量发展指标体系

目标	子系统	具体指标	计算方式	正负向型
黄河流域生态经济带高质量发展水平指标体系	绿色发展	单位GDP能耗	能源消耗量/GDP	负向
		固体废物综合利用率	%	正向
		单位GDP废气排放	废气排放量/GDP	负向
		单位GDP废水排放	废水排放总量/GDP	负向
		碳排放强度	碳排放总量/GDP	负向
	经济发展	第三产业产值占比	第三产业产值/GDP	正向
		外贸开放度	进出口总额/GDP	正向
		GDP增长率	报告期GDP/基期GDP（可比价）	正向
		高新技术创收度	高技术产业销售收入/GDP	正向
		居民消费贡献率	居民消费/GDP	正向
		非国有经济投资比重	非国有经济投资/固定资产总投资	正向
	社会民生	贫困发生率	%	负向
		每万人拥有的卫生床位数	地区卫生床位数/年末人口数	正向
		贫困农户住房安全比例	%	正向
		城乡居民收入比	城市居民收入/乡村居民收入	负向
		失业率	%	负向
		城乡居民社会养老保险参保比	城乡居民社会养老保险参保人数/年末人口数	正向
	文化建设	每万人享有的文化事业费	文化事业费/年末人口数	正向
		文化及相关产业增加值占GDP比重	%	正向
		每万人享有的艺术表演团体演出场次	艺术表演团体演出场次/年末人口数	正向
		每万人享有的博物馆个数	博物馆个数/年末人口数	正向
		人均图书数量	册	正向
	生态安全	自然保护区面积占比	自然保护区面积/辖区总面积	正向
		建成区绿化覆盖率	%	正向
		污染治理投资强度	污染治理投资/GDP	正向
		水土流失治理强度	新增水土流失治理面积/水土流失面积	正向
		人均造林面积	造林总面积/年末人口数	正向
		万元GDP耗水量	耗水总量/GDP	负向

三、数据来源

构建黄河流域高质量发展指标体系所用指标及其原始数据，源于我国国家统计局、水利部等发布的2018年《中国统计年鉴》《中国水土保持公报》《中国环境统计年鉴》《中国能源统计年鉴》《中国人口和就业统计年鉴》，以及相关省份统计局发布的地方统计年鉴、地方志和生态环境质量公报。其中，对部分指标进行了一定的处理，由原始数据计算得出。

第三节 黄河流域高质量发展水平测算

利用熵权－TOPSIS法测算黄河流域9个省份的高质量发展水平，见表6－2。

表6－2 2017年黄河流域9个省份高质量发展水平

省份	绿色发展	经济发展	社会民生	文化建设	生态安全	综合水平
山西	0.459	0.597	0.516	0.334	0.564	0.508
内蒙古	0.548	0.348	0.432	0.392	0.603	0.492
山东	0.621	0.762	0.743	0.498	0.452	0.577
河南	0.588	0.618	0.802	0.470	0.397	0.531
四川	0.509	0.654	0.502	0.510	0.449	0.525
陕西	0.525	0.467	0.521	0.544	0.458	0.500
甘肃	0.452	0.418	0.450	0.426	0.439	0.443
青海	0.425	0.316	0.492	0.367	0.570	0.380
宁夏	0.270	0.456	0.402	0.432	0.434	0.461
全流域均值	0.489	0.515	0.540	0.441	0.485	0.491
上游地区均值	0.441	0.439	0.455	0.425	0.499	0.460
中游地区均值	0.492	0.532	0.519	0.439	0.511	0.504
下游地区均值	0.604	0.690	0.772	0.484	0.425	0.554

黄河流域上游地区从河源至贵德，包括青海、四川、甘肃、宁夏、内蒙古部分地区；中游地区从贵德至孟津，包括内蒙古部分地区，陕西、山西、河南部分地区；下游地区从郑州桃花峪以下，包括河南部分地区、山东省。

为体现各省份测算结果的完整性，将内蒙古划分为上游地区，将河南划分为下游地区。

一、黄河流域各省份高质量发展水平的基本特征

（一）绿色发展子系统

绿色发展子系统水平反映了地区发展的负外部性和代价程度。根据测算结果，上游地区绿色发展均值为0.441，低于全流域均值水平。上游地区5个省份中，内蒙古（0.548）、四川（0.509）处于全流域均值水平以上，而甘肃（0.452）、青海（0.425）、宁夏（0.27）绿色发展水平较低，处于流域内末位，表明整体上游地区绿色发展水平较低，发展代价较大，重点表现在上游地区单位GDP能耗与碳排放强度普遍较高。中游地区绿色发展均值为0.492，略高于全流域均值水平。中游地区2个省份中，陕西（0.525）绿色发展水平较高，而山西（0.459）低于全流域均值水平。下游地区绿色发展均值为0.604，明显高于全流域均值水平，说明下游地区绿色发展水平较高，其中，山东（0.621）处于全流域最高水平，发展负外部性小，河南（0.588）居于第2位。综合来看，黄河流域的绿色发展水平具有由上游至下游逐渐提高的趋势，上游地区在绿色发展方面存在优化空间，中游地区表现一般，下游地区表现较好。

从全流域9个省份来看，绿色发展子系统得分均值为0.489，高于0.5的省份有5个，占黄河流域省份的56%，表明黄河流域在绿色发展方面表现较好。其中，得分最高的省份是山东（0.621），其次是河南（0.588）和内蒙古（0.548）、陕西（0.525），山东、河南碳排放强度较低，能源利用效率较高，内蒙古和陕西在控制污水排放方面效果显著。宁夏得分（0.27）居于全流域末位，其单位GDP能耗、单位GDP废气排放量在全流域9个省份中最高。

（二）经济发展子系统

由表6-2可知，下游地区省份得分均值为0.69，表明下游地区省份经济发展水平较高，这得益于下游地区大部分是广阔的平原地区，距离东部海岸最近，具有发展经济得天独厚的区位优势。上游地区经济发展均值为0.439，低于全流域平均水平（0.515），其中，上游地区5个省份中，仅四川

(0.654) 处于全流域均值以上，甘肃、青海的经济发展水平滞后，说明上游地区经济发展水平偏低；中游地区经济发展均值为0.532，高于全流域平均水平。可见，黄河上、中游地区同下游地区相比存在明显差距。整体上，黄河流域经济发展水平呈阶梯状分布：上游地区落后，中游地区中等，下游地区较高。

从全流域9个省份来看，经济发展水平得分均值为0.515，高于0.5的省份有4个，占黄河流域9个省份的44.4%，表明黄河流域在经济发展方面还有很大的提升空间。其中，经济发展水平高于0.5的4个省份中，下游地区占50%，中游地区占25%，上游地区占25%。山东省位于我国东部，其外贸开放度、高新技术创收度以及非国有经济投资比重方面具有明显优势。得分较低的是青海与内蒙古，青海外贸开放水平较低，居民消费贡献率在9个省份中最低，内蒙古GDP增长速度较为缓慢，第三产业产值占比较低，反映出其经济结构较为传统。

（三）社会民生子系统

下游地区社会民生水平明显较高，而中、上游地区由于脱贫压力相对较大，其社会民生水平相对较低。由表6-2可知，上游地区得分均值为0.455，低于全流域平均水平，表明上游地区社会民生子系统表现相对较差，存在贫困率高、医疗和住房保障度低问题。实际上，上游地区脱贫工作成效显著，取得了很大的提高，但上游地区作为脱贫攻坚的重点区域，脱贫任务艰巨，因而上游地区社会民生水平仍待进一步地提升。中游地区得分均值为0.519，略低于全流域均值水平，说明中游地区社会民生子系统表现欠优。中游地区应进一步提升贫困地区的医疗、住房保障水平，以开展具体帮扶措施为主要路径，进一步提升地区的社会民生水平。下游地区得分均值为0.772，表明下游地区在社会民生子系统表现较优。

从全流域9个省份综合来看，社会民生子系统得分均值为0.54，得分高于均值水平以上的省份有2个，占所考察省份的22.2%，得分高于0.5的省份共5个，表明整体上黄河流域各省份在社会民生方面表现较好，但各省份在社会民生水平上存在一定的差距。其中，河南得分最高（0.802），其次是山东（0.743）。河南、山东在社会保障方面具有较大优势，山东和河南贫困农户住房安全比例达到99%以上，贫困发生率较低反映出地区脱贫压力较小，城乡居民收入比较合理反映出河南、山东城乡协调发展水平较高；宁夏（0.402）得分最低，乡镇每万人拥有卫生院床位数和城乡居民社会养老保险参保比反映出地区社会保障水平不足，贫困农户住房安全比例最高也一定程度上说明了地区脱贫压力较大。

（四）文化建设子系统

黄河流域上、中、下游地区文化建设水平普遍较低。由表6－2可知，上游地区文化建设均值为0.425，中游地区文化建设均值为0.439，略低于全流域均值0.441，表明上、中游地区文化建设水平偏低，同时反映出上、中游地区文化建设水平差距不大；下游地区文化建设均值为0.484，可见，下游地区文化建设水平相对较高。整体上，全流域文化建设均值为0.441，在所有子系统中水平居于末位，得分高于0.5的省份有2个，占比22.2%，得分在均值水平以上的共4个，不足1/2，说明黄河流域文化建设水平较低。作为黄河文化传承与弘扬的主体，上、中、下游地区应加大文化建设投入，提升居民享有文化资源水平，增强区域内的文化协调发展，发展文化产业。

全流域9个省份中，陕西在文化建设子系统中得分最高，为0.544，其优势在于每万人享有的博物馆个数较多，每万人享有的文化事业费较高，表明陕西在文化建设方面做出了较大努力。四川（0.51）居于第2位。得分较低的是山西（0.334）和青海（0.367），其文化产业占GDP比重反映出地区文化产业规模较小，其应提高文化建设重视程度。

（五）生态安全子系统

生态安全是黄河流域高质量发展的前提，也是黄河流域高质量发展特性的重要所在。由表6－2可知，中游地区生态子系统得分均值为0.511，高于全流域均值水平，表明中游地区生态安全水平较高；上游地区生态安全均值为0.499，略高于全流域均值水平，说明上游地区生态安全水平良好；下游地区得分均值为0.425，明显低于全流域平均水平，说明下游地区需要着重提升地区生态安全水平。综上，黄河流域上、中游地区生态安全水平良好，而下游地区生态安全问题较为突出。

从全流域9个省份综合来看，生态安全子系统得分均值为0.485，得分高于0.5的省份有3个，占所考察省份的33.3%，得分高于均值水平以上的省份有3个，表明黄河流域生态经济带的大多数省份生态安全表现较差，并未达到高质量发展的要求。其中，生态安全得分最高的省份为内蒙古（0.603），其次为青海（0.57）、山西（0.564），这些省份生态环境治理力度大，特别是治理污染和水土流失。而河南（0.397）、宁夏（0.434）生态安全水平较低，河南省建成区绿化覆盖率反映出居民生活环境欠优，宁夏则需要集约节约用水，提高区域用水效率。

（六）黄河流域9个省份高质量发展综合水平得分情况

2017年黄河流域9个省份高质量发展综合水平得分介于0.380～0.577。其中，得分最高的省份为山东（0.577），得分最低的省份为青海（0.38），高质量发展综合水平得分均值为0.491，其变异系数为0.110，表明2017年黄河流域整体高质量发展综合水平得分偏低，不同省份存在一定的差异。具体来看，上游地区综合平均得分为0.460，中游地区为0.504，下游地区为0.554。由上、中、下游地区高质量发展综合水平可得，整体上黄河流域综合水平呈现出“上游地区较低，中游地区居中，下游地区较高”的空间分布格局。

二、黄河流域高质量发展的内部差异

通过对各子系统、各区域均值水平及变异系数进行比较，得到图6－1和图6－2。

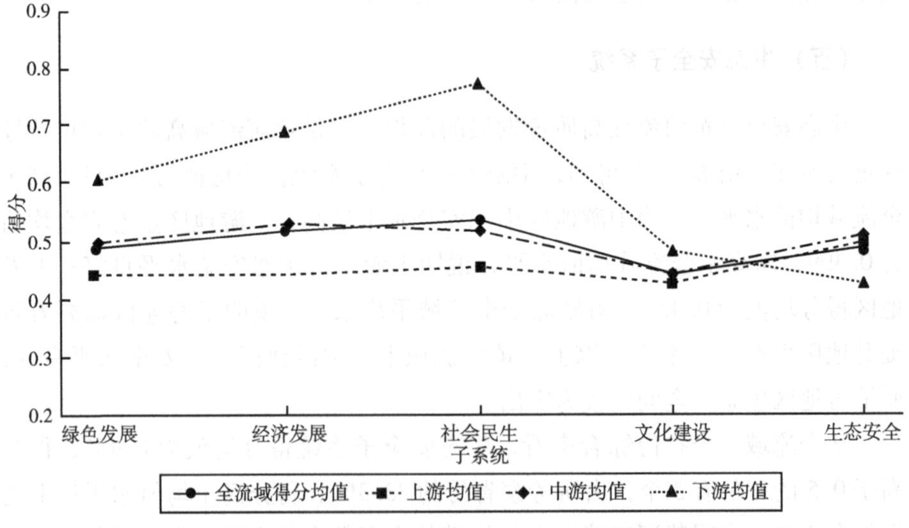

图6－1　2017年黄河流域9个省份各子系统均值水平

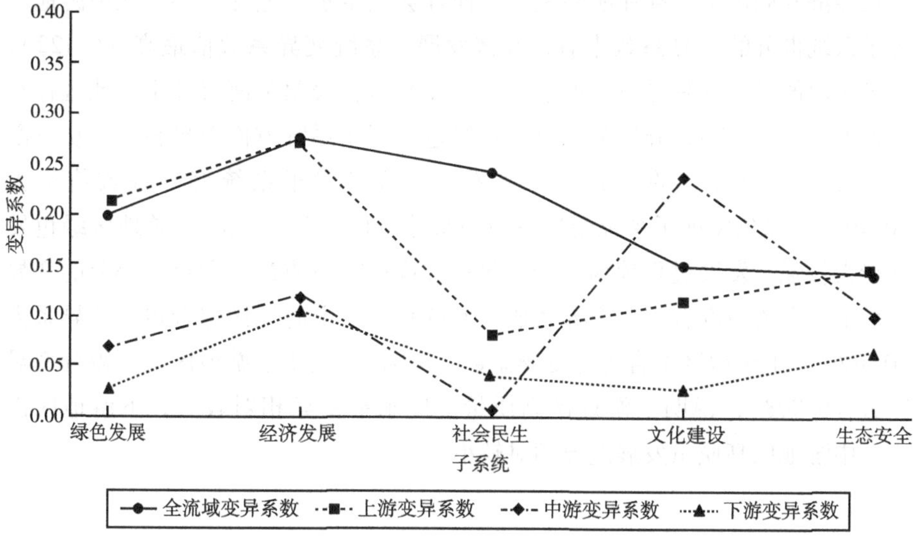

图 6-2　2017 年黄河流域各子系统变异系数

从上、中、下游各子系统得分的均值来看，除了生态安全子系统外，上、中、下游地区在其余 4 个子系统得分均值排序均为：下游地区 > 中游地区 > 上游地区。从上游地区各子系统得分均值来看，生态安全子系统得分最高（0.499），文化建设子系统得分最低（0.425），表明上游地区生态安全水平较好，文化建设水平较差；从中游地区各子系统得分均值来看，经济发展子系统得分最高（0.532），文化建设子系统得分最低（0.439），表明中游地区的经济发展水平表现最好，文化建设表现欠佳；从下游地区各子系统得分均值来看，社会民生子系统得分最高（0.772），生态安全子系统得分最低（0.410），表明下游地区社会民生水平较好，生态安全水平较差。从全流域综合得分均值来看，社会民生子系统得分最高（0.540），文化建设子系统得分最低（0.441），表明整体上黄河流域在社会民生方面表现相对较优，文化建设子系统表现相对较差。

从全流域各子系统的变异系数来看，经济发展子系统变异系数值最高（0.275），变异系数最小的是生态安全子系统（0.142），表明黄河流域在经济发展方面离散程度较大，流域内各省份经济发展水平差异明显，区域之间的协同优化能力较弱。相对来说，黄河流域在生态安全水平方面差异较小。从上游地区各子系统得分的变异系数来看，经济发展子系统变异系数值最高（0.271），社会民生子系统变异系数值最低（0.082），表明黄河流域上游地区在经济发展水平上存在明显差异，而社会民生水平差异较小；从中游地区各子系统得分的变异系数来看，经济发展子系统变异系数值最高（0.122），变异系数值最小的是绿色发展子系统（0.067），表明黄河流域中游地区在经济发展子系统方面差异较为明显，在绿色发展子系统方面差异较小；从下游地区各子系统得分的变异系数来看，经济发展子系统变异系数值最大（0.105），绿色发展子系统变异系数值最小（0.027），说明下游地区绿色发展能力较强，发展过程较为低碳，效率较高；在高质量发展综合得分的变异系数上，全流域综合得分变异系数（0.11）大于上游地区综合得分变异系数（0.106），下游地区综合得分变异系数（0.041）大于中游地区综合得分变异系数（0.008），说明上游地区高质量发展水平差异相对较大，下游地区次之，中游地区高质量发展差异相对较小。

第七章　东北地区高质量发展测度

东北经济是我国经济的“晴雨表”，改革开放以来，伴随经济全球化的进程，东北地区的经济陷入持续低迷，自 2003 年国家实行东北振兴战略以来，东北经济得到了一定发展，随着中国特色社会主义进入新时代，东北经济下行压力愈发严重。新时代的发展对东北振兴提出了更高的要求，新时代的东北振兴是全面振兴、全方位振兴，要从统筹推进“五位一体”总体布局、协调推进“四个全面”战略布局的角度去把握。在当前社会主要矛盾发生重要转变的前提下，解决中国一切问题的基础和关键仍然是发展。新发展理念自党的十八届五中全会首次提出以来，被广泛用于不同的社会发展形势，指导社会的发展。因此，要解决新时代的社会矛盾，追求东北三省高质量发展，仍要以新发展理念为指导，坚持科学发展，坚定不移地贯彻创新、协调、绿色、开放和共享的发展理念，制定针对性的指导策略。本章主要对东北三省高质量发展进行测度，在深入了解东北三省高质量发展内涵的基础上，对东北三省高质量发展空间特征、发展指数进行测算分析。

第一节　问题提出

东北地区是我国重要的粮食和农牧业生产基地、重大装备制造业基地，是我国在计划经济时期重化工业、装备制造业高度集聚的典型区域，在国家发展全局中占据重要地位，是推动国家朝向现代化进程发展的主力。但随着我国经济转向高质量发展阶段，东北经济下行压力愈发严重，引起各界的广泛关注。在高质量发展阶段，需要转变经济发展方式、优化产业结构，实现高质量的创新驱动。国家区域协调发展战略、制造业转型升级以及“一带一路”倡议的实施，为东北经济振兴带来诸多机遇，但僵化的体制机制、新旧动能转换困难、城市群带动作用有限，均在一定程度上阻碍了东北地区的高质量发展。因此，对东北地区现阶段高质量发展水平进行全面客观的评价，是解决东北问题的前提，也能为东北地区高质量发展提供参考。

区域发展一直是国内外学者研究的热点，在中国发展的新时代，区域高质量发展问题成为国内学者研究的新热点。东北地区是我国区域发展总体战略的重要组成部分，长期以来成为学者们的重点研究区域，近年来主要集中在东北振兴的研究等方面，赵儒煜和王媛玉（2017）分析了东北经济存在的问题和原因，评价了东北振兴的效果（何春，2017；苏明政、徐佳信和张满林，2017），探索了东北振兴的战略方向（张可云，2015；陈凤仙，2017）。高质量发展理念提出后，越来越多的学者基于高质量发展对东三省展开研究，主要集中在高质量发展水平测度和高质量发展路径分析两个方面。

第一，测度东北地区经济高质量发展。宋冬林和邱赛男（2021）从经济创造力、社会支撑力、制度保障力和环境承载力 4 个维度构建指标体系，测度其东北地区经济高质量发展水平，发现其高质量发展水平总体呈上升趋势，但水平相对较低；王伟和王成金（2020）基于高质量发展内涵，从有效性、稳定性、协调性、创新性、持续性和分享性 6 个维度测度分析东北地区经济高质量发展现状及空间差异。戚琳（2020）以东北三省 34 个地级市为研究对象，基于“创新发展、协调发展、绿色发展、开放发展、共享发展”五大发展理念，测度其高质量发展水平。

第二，探究东北地区高质量发展路径。高同彪和刘云达（2020）通过构建高质量发展耦合协调模型，测度分析东北地区城市群经济规模、产业结构与资源环境耦合协调度及其特征，并据此提出东北地区城市群高质量发展对策；王成金和李绪茂（2020）、安树伟和李瑞鹏（2018）在剖析东北地区经济发展问题的基础上，分析了高质量发展背景下东北振兴的战略选择。

已有文献为东北地区经济高质量发展测度提供了很好的借鉴，基于已有文献和前述分析，本章从分析东北地区高质量发展的特性入手，根据高质量发展水平测度结果，从多维度和时空视角分析高质量发展水平的特征，剖析东北地区在经济高质量发展过程中存在的问题。

第二节　东北地区高质量发展特征

高质量发展的提出源于党的十八届五中全会的新发展理念，是“创新发展、协调发展、绿色发展、开放发展、共享发展”五大发展理念的总结与概括，更是高质量是否实现的判断标准（刘瑞和郭涛，2020）。高质量发展重点指经济领域，不仅强调经济发展过程的高质量，更强调经济发展结果的高质量，具体表现为五大发展理念的高质量。东北地区是我国区域发展战略的重要组成部分，是我国经济的晴雨表，其高质量发展受我国经济发展的诸多因素影响，如创新投入和成效等不足，区域经济、产业和城乡等发展不协调，污染物过度排放、污染治理投入不足等绿色发展问题，不善于引进外资等开放发展问题，公共服务支出少、经济成果惠及率低等共享发展问题。因此，东北地区经济高质量发展具有一般性，遵循五大发展理念，但因独特的地理位置、产业结构和体制机制等，其高质量发展也具有一定的特殊性。下面将从五大发展理念视角具体论述东北地区经济高质量发展的一般性和特殊性。

一、创新发展

我国正处在创新驱动发展的新旧动能转换期，但是受制于传统体制机制的束缚，东北地区经济大多为以资源型产业为主的国有企业，过度依赖传统产业，导致经济发展缺乏创造力。受国家经济发展的影响，东北地区一直在调整产业结构，在高技术产业中投入了大量的物质资本，虽然有所改善，但是在技术创新、产业创新和制度创新等方面仍存在很大不足。因此，东北地区需加大创新投入，积极引进人才，在保证国有经济主体地位的前提下，发展创新型民营企业，提高企业的竞争力和创新力，发挥创新对经济的带动作用。

二、协调发展

党的十八届五中全会对协调发展的表述是：“全面推进产业协调，促进产业结构迈向中高端。全面推进区域协调，促进区域之间的要素有序流动、基本公共服务均等化。合理安排实体经济与虚拟经济的占比，提高经济稳定性。”协调发展体现在高质量发展的方方面面，包括城乡协调、产业协调、消费协调和经济协调等。就城乡协调而言，东北地区城乡之间缺乏经济联系，导致城乡居民收入和消费差距过大；对于产业协调，东北地区传统产业主要是重工业等第一产业和种植业等第二产业，一直存在资源消耗大、污染物排放过度、产值低等问题，近年来，东北地区虽然一直在努力优化产业结构、培育创新型产业、发展服务业等第三产业，但其第三产业占比仍低于全国水平；对于消费和经济协调，东北地区主要是资源型产业，人均收入较低，经济发展也因受到国家经济发展的影响而有所波动，因此，东北地区人均最终消费率较低，经济发展较不稳定。

三、绿色发展

绿色发展体现出高质量发展的可持续性，强调人与自然和谐共生，推动低碳循环发展。长期以来，东北地区采取粗放式经济发展方式，以煤炭、石油和矿产资源为主的资源型产业格局使东北地区不仅面临大气、水、土壤污染等环境污染和生态系统退化问题，也面临资源过度消耗等资源高负载问题。究其原因，主要如下：第一，东北地区资源型企业自身科技创新能力不足，资源利用率低，污染物处理能力欠缺；第二，政府监管不足，对于生态建设和垃圾处理不重视，大部分企业为追求短期利益，排放处理不达标甚至未经处理的污染物；第三，产业结构不协调，资源型产业占比过重。近年来，东北地区大力推进环境保护，并取得积极成效，但从总体上看，环境承载力仍然滞后于经济社会发展。因此，东北地区必须大力推行绿色制造，强化节能减排降碳，摒弃粗放的传统发展模式，形成高质量的发展格局。

四、开放发展

开放发展是高质量发展的助推器。2013 年，我国提出“一带一路”倡议并指出中国将充分发挥各区域的比较优势，全面提升开放型经济水平，着力将东北地区打造成我国向北开放的重要窗口。[①] 而东北地区受早期计划经济

① 国家发展改革委 外交部 商务部．推动共建丝绸之路经济带和 21 世纪海上丝绸之路的愿景与行动［N］．人民日报，2015-03-29（004）．

体制影响，对外贸易起步较晚，与国内其他地区相比发展差距较大，且在东北地区内部存在明显的区域差异，辽宁省作为东北地区唯一的沿海省份，拥有大连港、营口港等多个港口，港口贸易发达，而吉林省和黑龙江省近年来基本一直处于贸易逆差状态（刘金玲和狄乾斌，2021）。另外，东北地区在引进外资和先进技术方面均有所欠缺，因此。东北地区应以加入"一带一路"倡议为契机，深化与俄罗斯、韩国、蒙古国和日本地缘相近国家的贸易往来，积极引进外资和先进技术，作为促进东北振兴的重要突破口。

五、共享发展

共享的基本内涵是发展成果惠及人民，体现在人民的收入水平、消费水平和公共服务惠及方面。东北地区教育资源相对发达，但城乡差距较大，城乡居民收入、消费、教育和医疗水平均有较大差异。党的十九大强调，要"完整准确落实区域协调发展战略，推动实现基本公共服务均等化，基础设施通达程度比较均衡，人民生活水平有较大提高"，这一政策虽然减轻了东北地区的经济负担，但其能否通过自身发展提高城乡收入水平，缩小城乡差异，仍是东北地区未来发展必须面对并应着力解决的一个重大现实问题（王伟和王成金，2020）。

综上，东北地区经济高质量发展虽然具有自身的特殊性，但是符合高质量发展的一般性，因此，采用中国经济高质量发展评价指标体系测度东北地区经济高质量发展水平。

第三节　东北地区高质量发展水平分析

一、东北地区高质量发展水平的基本特征

基于经济高质量发展评价指标体系和经济高质量发展测度方法测算东北地区在2004～2017年的经济高质量发展水平和变化特征。其中，2017年东北3个省份的经济高质量发展的综合指数及5个子系统水平评价指数结果见表7－1，本节根据表7－1从综合指数和五大维度指数分别展开分析。

表 7-1　　2017 年东北地区各省份经济高质量发展各子系统水平

地区	创新指数	协调指数	绿色指数	开放指数	共享指数	综合指数	排名
辽宁	0.913	0.438	0.534	0.731	0.566	0.597	1
吉林	0.362	0.585	0.398	0.263	0.471	0.433	2
黑龙江	0.243	0.577	0.417	0.327	0.294	0.389	3
M	0.506	0.534	0.450	0.440	0.444	0.473	—
SD	0.292	0.067	0.060	0.207	0.113	0.089	—
M+0.5	0.652	0.567	0.480	0.544	0.500	0.518	—
M-0.5	0.360	0.500	0.420	0.337	0.387	0.428	—

（一）东三省高质量发展指数分析

2017 年东三省经济高质量发展综合指数得分最高的是辽宁省（0.597），属于先进型高质量发展省份；得分最低的是黑龙江省（0.389），属于落后型经济高质量发展省份；吉林省属于平庸型经济高质量发展省份。创新、协调、绿色、开放、共享五个维度指数得分均值依次是 0.506、0.534、0.450、0.440、0.444，整体来看，协调发展水平最高，共享发展水平、开放发展水平偏低。3 个省份经济高质量发展综合指数得分均值（M）为 0.473，发展水平偏低，可能与共享发展水平、开放发展水平比较低有关；标准差（SD）为 0.089，表明 2017 年东北地区经济高质量发展综合水平得分整体较低，不同省份存在明显的空间差异。

（二）创新发展指数

创新发展指数得分最高的是辽宁省（0.913），得分最低的是黑龙江省（0.243），3 个省份创新发展指数得分均值为 0.506，发展水平偏中等水平，标准差为 0.292，表明 2017 年东三省创新驱动发展水平空间差异非常明显，相比其他发展指数，差异最大。其中，辽宁省属于先进型创新发展省份，吉林省属于平庸型创新发展省份，黑龙江省属于落后型创新发展省份，原因在于黑龙江省和吉林省在 R&D 经费投入强度、R&D 人员投入力度等创新投入方面存在明显不足，进而在技术市场成交额占比、国内专利申请授权量、全要素生产率等创新成效方面存在欠缺，辽宁省在创新投入、创新成效方面较强于黑龙江省和吉林省。这说明，东北地区部分省份创新驱动经济高质量发展在人才密度、创新成效和经济发展的效率上都有待进一步提高。

（三）协调发展指数

协调发展指数得分最高的是吉林省（0.585），得分最低的是辽宁省（0.438），3个省份协调发展指数得分均值为0.534，属于中等发展水平；标准差为0.067，表明2017年东三省协调发展水平存在一定的空间差异，相比其他维度发展指数，差异相对较小。黑龙江省和吉林省属于先进型协调发展省份，在最终消费率、城乡居民收入之比和城乡居民消费之比方面协调性较好，近年来在产业结构合理化程度方面协调性也较好，但在人均生产总值方面协调性较差；辽宁省属于落后型协调发展省份，原因在于辽宁省在城乡居民收入水平比和城乡居民消费水平比方面协调性较差，在产业结构的合理化程度方面协调性也有所欠缺。整体来看，作为我国重工业基地的东三省，其城乡区域协调和产业协调较差，因此，东北地区要把工作着力点放在加快乡村建设、缩小城乡差异、加快创新驱动、优化产业结构、深化体制改革和转变经济发展方式上，保持经济健康发展。

（四）绿色发展指数

绿色发展指数得分最高的是辽宁省（0.534），得分最低的是吉林省（0.398），3个省份绿色发展指数得分均值为0.450，偏中等发展水平，标准差为0.060，说明省份间依然存在着差异性，相对于其他指数，差异最小。其中，辽宁省属于先进型绿色发展省份，黑龙江省和吉林省属于落后型绿色发展省份。辽宁省在单位生产总值能耗和废水、废气排放方面数值相对较高，但在环保投入强度、生活垃圾无害化处理率和建成区绿化覆盖率方面数值也相对较高，说明辽宁省虽然能源消耗和污染物排放较多，但在环境治理方面力度较大，且取得了不错的效果；吉林省和黑龙江省单位生产总值废水、废气排放较高，但环保投入强度和建成区绿化覆盖率数值相对较低，说明吉林省和黑龙江省在污染物处理和生态环境建设方面有所欠缺。

（五）开放发展指数

开放发展指数得分最高的是辽宁省（0.731），得分最低的是吉林省（0.263），3个省份开放发展指数得分均值为0.440，偏中等发展水平；标准差为0.207，表明2017年东三省开放发展水平之间存在明显的空间差异，相比其他维度指数，差异相对较大。整体来看，辽宁省属于先进型开放发展省份，吉林省和黑龙江省属于落后型开放发展省份。原因在于，辽宁省是中国对接东北亚、连接欧亚大陆桥的重要区域，是东北地区对外开放的重要门户，相比吉林省和黑龙江省，辽宁省的外资开放度、外贸依存度、外商企业投资数和国际旅游外汇收入占比都是最高的，可见辽宁省在国际贸易和引进外资方面做得相对较好，但仍有上升空间；对比而言，黑龙江省和吉林省在对外开放方面还需努力。

（六）共享发展指数

共享发展指数得分最高的是辽宁省（0.566），得分最低的是黑龙江省（0.294），3个省份开放发展指数得分均值为0.444，偏中等发展水平；标准差为0.113，表明2017年东三省开放发展水平之间存在明显的空间差异。整体来看，辽宁省属于先进型共享发展省份，吉林省属于平庸型共享发展省份，黑龙江省属于落后型共享发展省份。具体来看，辽宁省在城镇化率、人均生产总值和艺术表演团体机构数方面数值最大，说明辽宁省在经济文化共享和城镇化发展方面具有一定的优势，但在医疗支出、城乡差距方面仍有欠缺；辽宁省在人均教育经费、人均医疗卫生支出、城乡差距方面存在一定的优势，但在城镇化率、人均生产总值和艺术表演团体机构数等城镇化发展和经济文化发展方面存在欠缺；相比辽宁省和吉林省，黑龙江省在公共服务支出、城乡协调、城镇化发展和经济文化发展方面均存在明显的差距。综上，辽宁省和吉林省应保持优势、补足短板，黑龙江省应全面弥补不足。

二、东北地区高质量发展水平的时空特征

为探讨样本期间内各地区经济高质量发展水平及五大维度的时空特征，对2004～2017年的经济高质量发展指数和五大维度发展指数进行时序变化分析。

（一）经济高质量发展指数

图7－1报告了东北地区及东北3个省份经济高质量发展指数演变态势。东北地区经济高质量发展指数整体呈现小幅度波动趋于平稳态势，高质量发展水平不高，2004～2017年均属于中等偏下水平。辽宁省经济高质量发展指数整体呈现小幅度波动下降态势，高质量发展水平较高，在样本期内均属于

中等偏上水平；其中，在2005年达到最大值，为0.673，2016年最小，为0.564。吉林省经济高质量发展指数整体呈现波动上升趋势，在样本期内高质量发展水平比较低，其中，2006年高质量发展水平最低，指数为0.270，2016年高质量发展水平最高，指数为0.473。黑龙江省经济高质量发展指数整体呈现小幅度波动下降趋势，在样本期内高质量发展水平均处在中等偏下水平；其中，2008年高质量发展水平最高，指数为0.449，2017年高质量发展水平最低，指数为0.389。整体来看，在样本期内，辽宁省经济高质量发展水平比较高，东北地区整体和吉林省、黑龙江省经济高质量发展水平均较低；高质量发展指数在2004～2015年呈现出“辽宁省>东北地区>黑龙江省>吉林省”的分布格局，在2016～2017年呈现出“辽宁省>东北地区>吉林省>黑龙江省”的分布格局。

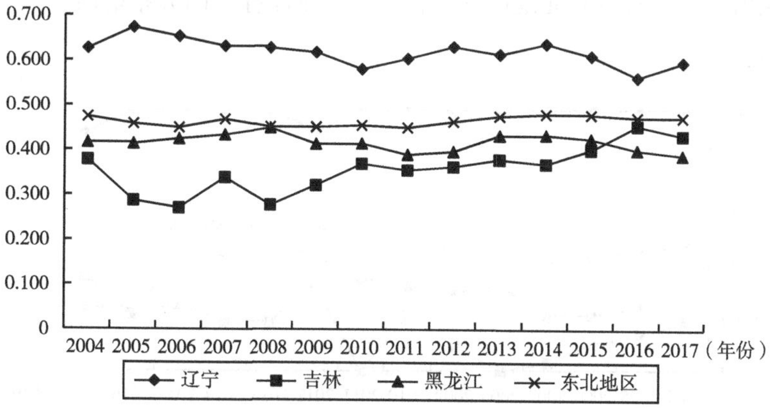

图7－1　2004～2017年东北地区及各省份经济高质量发展指数变化

（二）创新发展指数

图7－2报告了东北地区及东北3个省份创新发展指数演变态势。东北地区创新发展指数整体呈波动小幅度上升态势，在样本期内创新发展水平不高，2004～2009年和2011年处于中等偏下水平，2010年和2012～2017年处于中等偏上水平。辽宁省创新发展指数整体呈现稳定波动态势，在样本期内创新发展水平很高；2004～2011年和2013～2016年创新发展指数值达到1，2012年和2017年创新发展水平有所下降，但仍处于较高发展水平。吉林省创新发展指数整体呈大幅度波动上升趋势，样本期内创新发展水平很低；2004～2008年持续下降，创新发展指数从2004年的0.187下降到2008年的0.000，

年均下降率达到100%，年均下降幅度为100%；2008～2012年呈现“上升—下降—上升”的变化态势，2011年下降到0.000；2012～2017年呈现“下降—平稳—波动上升”的演变态势，2017年达到样本期内最大值，为0.362。黑龙江省创新发展指数整体呈现波动中趋于平稳的态势，在样本期内创新发展水平较低；2004～2007年持续下降，从2004年的0.250下降到2007年的0.209，年均下降率为6%，下降幅度为17%；2007～2013年波动上升，2013年达到最大，为0.496，年均增长率为15.5%，增幅为137.8%；2013～2017年在波动中下降，2017年创新发展指数为0.243，年均下降率为16%，下降幅度为51%。整体来看，在样本期内，辽宁省创新发展水平很高，东北地区整体和吉林省、黑龙江省创新发展水平均较低；创新发展指数在2004～2016年呈现出“辽宁省>东北地区>黑龙江省>吉林省”的分布格局，在2017年呈现出“辽宁省>东北地区>吉林省>黑龙江省”的分布格局。

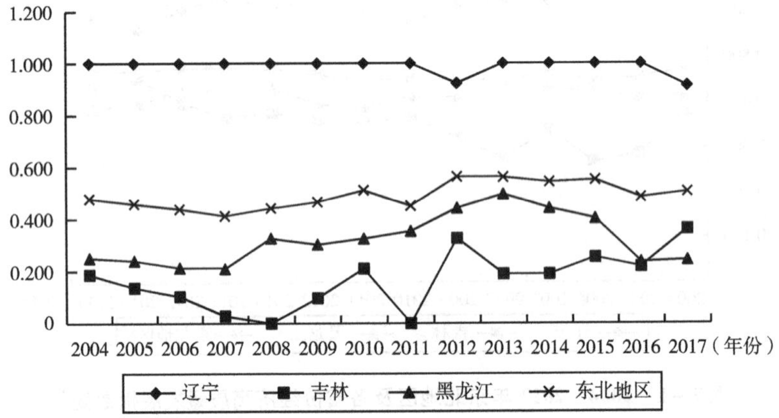

图7-2　2004～2017年东北地区及各省份创新发展指数变化

（三）协调发展指数

图7-3报告了东北地区及东北3个省份协调发展指数演变态势。东北地区在样本期内协调发展水平处于中等水平，其协调发展指数整体呈小幅度波动上升态势；从2004年的0.485上升到2017年的0.534，年均增长率为0.7%，增幅为10%。辽宁省协调发展指数整体呈现出波动下降态势，其协调发展水平在2004～2006年处于中等偏上水平，在2007～2017年处于中等及中等偏下水平；2005年协调发展水平最高，其指数为0.658；2005～2017

年波动下降，2017 年下降到 0.438，年均下降率为 3%，下降幅度为 33%。吉林省协调发展指数整体呈现出大幅度波动上升态势，其协调发展水平在 2004 年和 2016～2017 年处于中等水平，在 2005～2015 年处于中等偏下，甚至极低的水平；具体来看，2004～2008 年大幅度波动下降，从 2004 年的 0.515 下降到 2008 年的 0.227，年均下降率为 18%，下降幅度为 56%；2008～2017 年波动中上升，2017 年达到最大值为 0.585，年均增值率为 11%，增幅为 157.6%。黑龙江省的协调发展水平在 2004～2006 年处于中等偏下水平，在 2007～2017 年处于中等偏上水平；其协调发展指数整体呈现出波动上升态势，从 2004 年的 0.369 上升到 2017 年的 0.577，年均增长率为 3.5%，增幅为 56.5%。

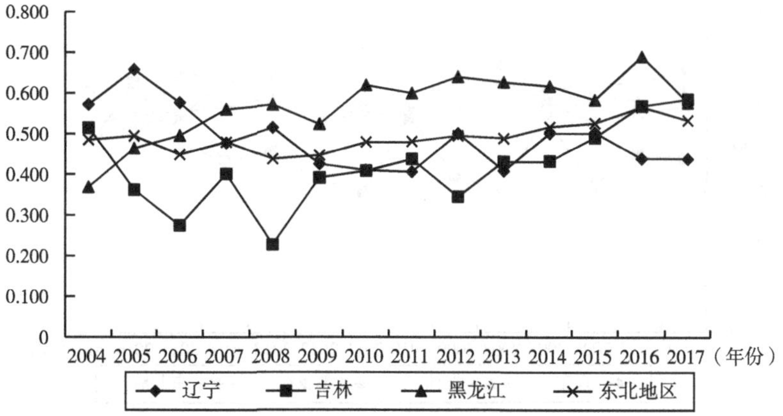

图 7-3　2004～2017 年东北地区及各省份协调发展指数变化

（四）绿色发展指数

图 7-4 报告了东北地区及东北 3 个省份绿色发展指数演变态势。东北地区绿色发展水平处于中等偏下水平，其绿色发展指数整体呈小幅度波动下降态势；从 2004 年的 0.483 下降到 2017 年的 0.450，年均下降率为 1%，降幅为 7%。辽宁省绿色发展水平较高，整体处于中等偏上水平，其绿色发展指数整体呈波动下降态势；具体来看，2004～2010 年呈现“下降—上升—下降”的演变态势，整体从 2004 年的 0.561 下降到 2010 年的 0.484，年均下降率为 2%，降幅为 14%；2010～2017 年呈现“上升—下降—上升”的演变态势，整体上升到 2017 年的 0.534，年均增长率为 1.4%，增幅为 10.4%，其

中，2012 年绿色发展水平在样本期内最高，其指数达到 0.612。吉林省绿色发展水平比较低，在 3 个省份中整体排在最低水平，其绿色发展指数整体呈现大幅度波动上升态势；2004～2011 年大幅度波动下降，从 2004 年的 0.372 下降到 2011 年的 0.303；2011～2017 年大幅度上升，到 2017 年上升到 0.398，其中，2016 年达到最大值，为 0.536。黑龙江省绿色发展水平处于中等水平，在 3 个省份中整体排在中间水平，其绿色发展指数整体呈现波动中下降态势；2004～2012 年呈现“下降—上升—下降”的演变态势，从 2004 年的 0.517 下降到 2012 年的 0.443；2012～2017 年呈现“上升—下降”的变化趋势，其中，2012～2013 年大幅度上升到最大值 0.583，2013～2017 年持续下降，到 2017 年下降到 0.417。

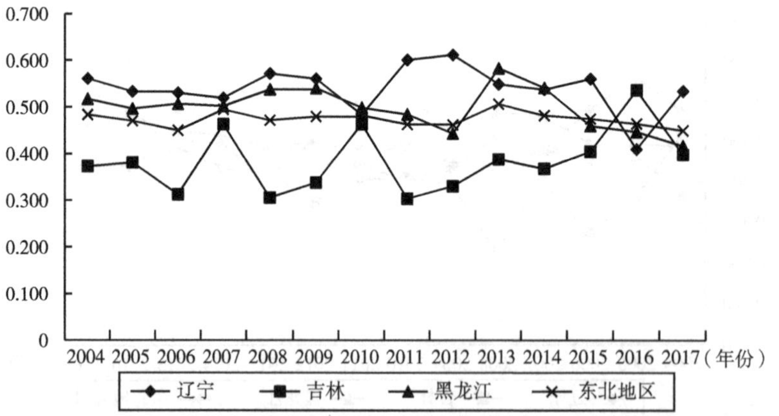

图 7－4　2004～2017 年东北地区及各省份绿色发展指数变化

（五）开放发展指数

图 7－5 报告了东北地区及东北 3 个省份开放发展指数演变态势。东北地区开放发展水平整体处于中等及中等偏下水平，其开放发展指数整体呈现小幅度波动趋于平稳的态势。辽宁省开放发展水平极高，在 3 个省份中排名第一，其绿色发展指数整体呈现下降趋势；其中，2004～2014 年趋于平稳，指数值一直是 1，2014～2017 年大幅度下降，到 2017 年下降为 0.731。吉林省绿色发展水平极低，在 3 个省份中排在最后，其开放发展指数整体呈现波动上升态势；2004～2008 年波动下降，从 2004 年的 0.244 下降到 2008 年的 0.066，年均下降率 28%，降幅为 73%；2008～2012 年趋于平稳；2012～2017 年波动上升，2017 年上升到 0.263，年均增长率为 16.6%，增幅为

297.1%，其中，在2015年达到样本期内最大值，为0.321。黑龙江省开放发展水平较低，在3个省份中整体处于中间水平，其开放指数整体呈现出波动上升态势；2004～2013年呈现"上升—下降—上升—下降"的演变态势，2013～2017年呈现"上升—下降"的演变态势。

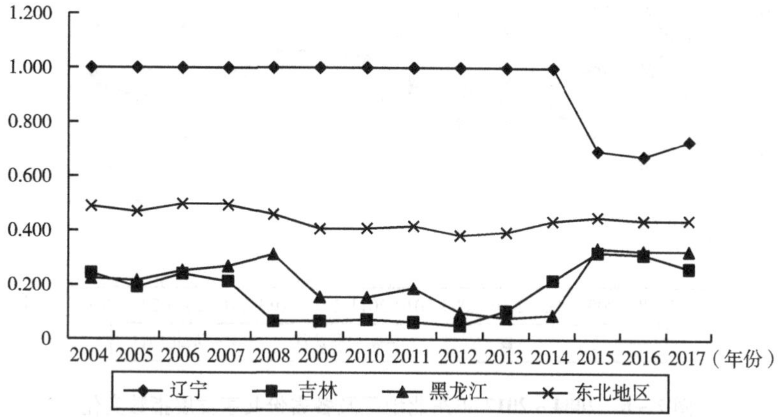

图7－5　2004～2017年东北地区及各省份开放发展指数变化

（六）共享发展指数

图7－6报告了东北地区及东北3个省份共享发展指数演变态势。东北地区共享发展水平处于中等偏下水平，其共享发展指数整体呈现波动下降态势。辽宁省共享发展水平处于中等偏上水平，在3个省份中排在第一位，其共享发展指数整体呈现波动上升态势；从2004年的0.496上升到2017年的0.566，年均增长率为1%，增幅为14.2%，其中，在2007年共享发展水平最高。吉林省共享发展水平较低，在3个省份中整体处在中间水平，其共享发展指数整体波动上升；在样本期内呈现"下降—上升—下降"的演变态势，在2005年共享发展水平最低，年均增长率为0.9%，增幅为12.7%。黑龙江共享发展水平在样本期内波动较大，在3个省份中整体处在最低水平，但在2004～2007年处在中间水平，其共享发展指数整体呈大幅度波动下降态势；在样本期内年均下降率为5%，降幅为46%；其中，2004～2011年大幅度下降，在2011年下降到样本期内最小值为0.151，年均下降率为17%，降幅为72%；2011～2017年呈现"上升—下降—上升"的变化趋势，整体上升，年均增长率为11.7%，降幅为94.7%。整体来看，在样本期内，辽宁省开放发展水平较高，东北地区整体和吉林省、黑龙江省创新发展水平相对较

低；共享发展指数在2004年呈现出“黑龙江省＞辽宁省＞吉林省”的分布格局，在2005～2007年呈现出“辽宁省＞黑龙江省＞吉林省”的分布格局，在2008～2017年呈现出“辽宁省＞吉林省＞黑龙江省”的分布格局。

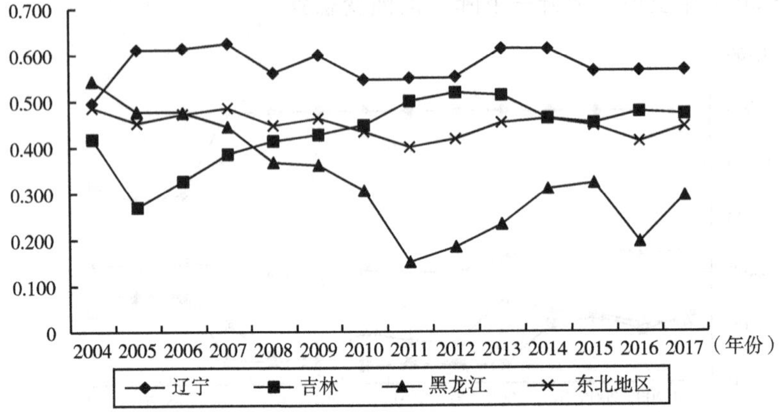

图7－6　2004～2017年东北地区及各省份共享发展指数变化

第四篇

重要领域经济高质量发展测度

随着经济发展和时代进步，能源发展的内涵正在发生深刻变化。过去很长一段时间以来，我国能源发展规划都是在能源供应紧张的形势下进行安排的，主要基调是扩能保供、满足需求，能源发展也是围绕人民群众用上能的“硬需求”来呈现。我国能源工业发展长期依赖劳动、资本、资源等要素投入，缺乏制度革新、要素升级与结构优化，导致能源工业整体生产效率与能源产品质量提升缓慢，并造成了环境污染和部分行业产能严重过剩、资源浪费。进入新时代，随着经济增速换挡、动力转换，我国能源发展的重点和主要矛盾已经不是保供，而是要在如何提高能源发展的质量和效益上下功夫。落实创新、协调、绿色、开放、共享的新发展理念，实现更加全面、更有质量、更可持续、更平衡充分的发展，有效缓解优质能源供给不足与人民群众对优质能源需求日益增长的矛盾，是能源行业共同的目标。本篇是对重要领域经济高质量发展的测度，主要研究能源高质量发展与区域能源消费的测度。通过阐释能源高质量发展的内涵，构建能源高质量发展评价体系，从整体和各维度水平对能源高质量发展水平进行测算。同时，构建经济高质量发展背景下区域能源消费的理论框架，对能源消费的基本特征、空间相关性和异质性进行分析。

第八章　能源高质量发展评价体系构建与测度

本章在阐述能源高质量发展内涵的基础上，构建能源高质量发展评价指标体系，并对我国能源高质量发展总体态势进行实证测度，分析其空间分布规律。研究的基础问题是能源高质量发展的内涵，研究的难点问题是能源高质量发展评价指标体系的构建。能源高质量发展的内涵决定着能源高质量发展评价指标的选择，能源高质量发展评价指标的选择关系数据的选取，并最终影响能源高质量水平测算的结果。

第一节　引言

自党的十八大以来，面对国际能源供需结构的新变化和能源发展的新方向，党中央审时度势，提出了“能源革命”的战略思想。同时，国家能源局在2018年3月发布了《2018年能源工作指导意见》，进一步强调了能源政策方向为“清洁低碳，安全高效”。2019年3月，国家能源局局长章建华就“促进新时代能源的高质量发展”发表了系列讲话。章建华表示，高质量发展是能源行业进行深刻变革的一项重大考验，必须全力做好准备。①

能源高质量发展提出后，目前相关研究尚不多见，尤其是关于其构建评价指标体系方面。当前，有关能源高质量发展的文献主要分为两类，一类是对我国能源高质量发展路径的探索，另一类是关于我国能源高质量发展形式及政策建议的研究。例如，田智宇和周大地（2018）基于“两步走”新战略，研究我国能源高质量发展的转型方向，同时分析了现阶段我国在能源方

① 章建华．推动新时代能源事业高质量发展［N］．人民日报，2019－08－13（004）．

面所面临的机遇与挑战；冯升波等（2018）认为，构建能源大数据引擎是我国参与国际能源竞争的必然选择，同样是我国能源高质量发展的必然要求；李伟（2018）对能源高质量发展内涵进行了深入探讨，总结得出能源高质量发展的目标就是要实现人民对美好生活追求的愿望，内涵就是要将现阶段我国能源体系赋予清洁、高效、安全的特点；张有生等（2018）提出要实现能源的高质量发展，需大力推动质量、效率、动力变革，只有紧紧把握住“三大变革”才能更快更好地实现能源发展进入新时代；代红才等（2019）认为，能源安全、结构、效率对我国能源高质量发展具有重要影响，他指出，实现能源高质量发展需在这三个方面多下功夫，并提出了主要的刻画指标，以此来构建中国能源中长期展望分析的模型体系。

对能源高质量发展的研究重点在于“高质量发展”，所以对高质量发展内涵进行详细的剖析是必不可少的。目前来看，关于高质量发展内涵的文献可以分为三大类。第一类主要从社会主要矛盾及新发展理念出发，具有代表性的有赵昌文（2017）、任晓（2018）等，他们通过两个方面来界定高质量发展：是否有利于识别现阶段社会的主要矛盾；是否有利于解决现阶段社会的主要矛盾。何立峰（2018）、杨伟民（2018）、李梦欣和任保平（2019）认为，“五大发展理念”能够很好地囊括高质量发展的内涵，牢牢遵循“五大发展理念”是实现高质量发展的重中之重，否则高质量发展将很难推进。第二类主要从“经济高质量发展”出发，金碚（2018）认为，经济高质量发展具有丰富性与多维性，与传统的经济发展相比，对发展战略的创新性有更高的要求。任保平和李禹墨（2018）认为，经济规模和经济总量增长到一定程度就是经济高质量发展，主要表现在人民幸福、社会和谐、结构优化等方面。韩君等（2019）认为，经济发展要从追求速度向追求质量过渡，就是经济质量处于高水平、经济发展处于高层次状态。袁晓玲等（2019）基于托马斯等（Thomas et al.，2000）、巴罗（Barro，2002）所提出的经济增长质量内涵，认为经济增长质量的高级状态就是经济高质量发展，体现了经济发展数量与质量的一致性。第三类主要从宏观、中观、微观的不同要求出发，王一鸣（2018）、赵剑波等（2019）主要从经济结构和发展水平（宏观层面）、服务和产品的质量（微观层面）、区域和产业发展质量（中观层面）三个方面对高质量发展内涵进行剖析。黄速建等（2018）认为，国有企业实现高质量发展是实现经济高质量发展的关键因素，因此，应对企业发展给予高度重视。

测度研究必不可少地要进行指标体系的构建。肖攀等（2016）从经济、环境、社会福利等方面构建了测度评价指标体系，并利用熵权综合指数法对2000~2012年中国经济增长质量进行实证测度；魏敏和李书昊（2018）认为，动力机制转变、生态环境和谐、经济结构优化、人民生活幸福和开放稳定共享这五个方面是经济高质量发展的五个主要特征，并从这五个方面构建适用于新常态的经济增长质量综合评价体系指标，利用熵权-TOPSIS法进行实证测度；朱启贵（2018）提出高质量发展概念框架需包含动力、质量、效率三大变革，以及经济结构优化和民生问题，因此，从上述内容出发构建高质量发展评价指标体系；师博和任保平（2018）选取涉及社会成果、经济增长的基本面两个维度的指标，测算我国经济增长质量，得出我国经济发展不平衡趋势不容乐观的结论；李金昌等（2019）从我国现阶段社会主要矛盾出发，选取涵盖经济、社会、效率、生活和生态五个部分的指标来构建我国高质量发展的指标体系。

通过对文献的梳理与分析，我们发现，自党的十九大以来，高质量发展的相关研究逐渐成为一个热点，且研究重点主要集中在高质量发展内涵以及对经济高质量发展评价方面，目前对能源高质量发展研究尚不多见，尤其是关于其构建评价指标体系方面。因此，本书在高质量发展背景下探讨能源高质量发展的测度与区域差异问题，在深入理解能源高质量发展内涵的基础上构建中国能源高质量发展评价指标体系，并测算分析2017年国内30个省份能源高质量发展现状，目的在于充分掌握我国能源高质量发展水平以及为推动我国能源高质量发展提供有力的决策支撑。

第二节　能源高质量发展评价体系构建

一、能源高质量发展的内涵

随着能源工业的不断发展，我国已经形成了完备的能源供应体系，为能源的高质量发展创造了有利条件。那么，要进一步发展我国能源经济，就要对传统的能源发展模式进行改善，并促进能源行业的全面转型升级，建立符合新时代高质量发展的能源体系。能源高质量发展体系应具有以下三方面内涵：清洁低碳、经济高效、安全可靠。

清洁低碳。清洁意味着能源生产、转换、传输和消耗的整个生命周期都是低污染的，必须最大限度地减少能源生产和消费所带来的各种污染物的排放，不断提高生态环境与居住环境的清洁度。本书采用工业三废测度指标来反映各种污染物排放情况；同时加入各省份 2017 年空气质量优良天数、可吸入颗粒物年均浓度来反映空气质量清洁程度；绿化覆盖率、环保投资强度这两个指标则是政府为提高生态环境与居住环境的清洁度所做出的努力。以上 7 个测度指标共同构成了清洁指标。低碳，是指尽可能地减少空气中的二氧化碳排放量，碳排放量的增加对环境及气候的影响已显而易见。碳排放与能源系统之间有着千丝万缕的关系，所以高质量发展的能源系统的主要特征之一就是低碳。关于低碳指标，用以下三个方面进行测度：碳排放强度、人均碳排放量、非化石能源发电量。

经济高效。经济在这里有两层含义，其一是指能源价格，具有价格竞争力的能源产品对实体经济的发展至关重要，尤其是我国目前正处于建设的关键阶段，能源价格是否具有竞争力就显得格外重要；其二是指能源结构，包含能源生产结构、能源消费结构。本书采用能源消费弹性系数指标来反映能源消费结构，能源生产弹性系数指标来反映能源生产结构。高效是指能源生产、转换、传输和消耗的整个周期都可以做到集约、经济、高效以及协调发展。高效指标用人均能源消费量、单位 GDP 能耗、能源加工转换效率来体现。

安全可靠。能源安全主要取决于经济对能源的依赖程度以及应变能力，即能源安全就是国内供应发挥基础作用，能源对外依存度控制在合理水平。本书研究的是国内 30 个省份的能源安全状况，故采用各省的能源自给率、天然气对外依存度来表示。可靠，与投资安全联系密切。实现能源的可靠性，需要加强对能源投资的关注度，保证及时和充分的能源供应，本书采用能源工业投资指标来体现能源可靠性；同时加入化石能源消费占比指标，因为在化石能源消费占比不断降低的情况下，能源供应才能被更好地保障。

二、能源高质量发展评价体系

基于上述对能源高质量发展内涵及特征的分析和阐释，在严格遵循层次性、科学性、目的性等原则的基础上，构建包括清洁低碳、经济高效、安全可靠三个维度的中国能源高质量发展评价指标体系（见表 8 - 1）。

表 8-1　　中国能源高质量发展评价指标体系

维度	类别	指标名称	指标说明	指标方向
清洁低碳	清洁	环保投资强度	环境污染治理投资/GDP	(-)
		单位 GDP 废水排放	废水排放总量/GDP	(-)
		单位 GDP 废气排放	SO_2排放量/GDP	(-)
		固体废弃物综合利用率	%	(+)
		可吸入颗粒物年均浓度	$\mu g/m^3$	(-)
		空气质量优良天数	—	(+)
		绿化覆盖率	区域内绿化覆盖面积/区域面积	(+)
	低碳	非化石能源发电量	亿千瓦小时	(+)
		碳排放强度	碳排放总量/地区生产总值	(-)
		人均碳排放量	碳排放总量/年末人口数	(-)
经济高效	经济	能源消费弹性系数	能源消费量年增长速度/GDP 年增长速度	(-)
		能源生产弹性系数	能源生产量年增长速度/GDP 年增长速度	(+)
		能源价格	煤炭工业品出厂价格指数	—
	高效	单位 GDP 能耗	能源消耗量/GDP	(-)
		人均能源消费量	能源消费量/人口数	(-)
		能源加工转换效率	产出量/投入量	(+)
安全可靠	安全	能源自给率	地区能源生产总量/能源消费总量	(+)
		天然气对外依存度	天然气进出口总额/天然气消费总量	(-)
	可靠	三大化石能源消费比重	三大化石能源消费量/能源消费量	(-)
		能源工业投资	亿元	(+)

注：(+) 表示该指标为正向指标，(-) 表示该指标为负向指标，—表示该指标为双向指标。

三、数据来源

本章所使用的数据来源于 2018 年《中国能源统计年鉴》《中国统计年鉴》《中国价格统计年鉴》《中国环境统计年鉴》，30 个省份的地方统计年鉴以及各省市的《生态环境质量公报》。由于数据的获取问题，本书未对港澳台地区和西藏自治区进行分析。

第三节 能源高质量发展水平测算

一、能源高质量发展综合水平

根据能源高质量发展评价指标体系及上述测算方法，测算得到2017年国内30个省份的能源高质量发展综合水平以及清洁低碳、经济高效、安全可靠三个维度的指标水平（见表8－2）。

表8－2 2017年中国30个省份能源高质量发展综合水平及各维度水平

省份	能源高质量发展综合水平	清洁低碳指标水平	经济高效指标水平	安全可靠指标水平
广东	0.899	0.648	0.582	0.125
北京	0.845	0.600	0.597	0.112
浙江	0.819	0.628	0.552	0.058
江苏	0.787	0.611	0.587	0.061
福建	0.775	0.638	0.564	0.128
天津	0.773	0.594	0.606	0.175
上海	0.753	0.596	0.577	0.110
山东	0.747	0.599	0.571	0.057
云南	0.681	0.562	0.482	0.416
四川	0.659	0.556	0.544	0.240
湖北	0.654	0.563	0.562	0.083
海南	0.650	0.581	0.428	0.056
河北	0.644	0.565	0.543	0.032
重庆	0.608	0.546	0.549	0.104
广西	0.596	0.556	0.469	0.055
江西	0.590	0.552	0.483	0.044
安徽	0.579	0.542	0.490	0.109
内蒙古	0.568	0.544	0.299	0.441
贵州	0.555	0.524	0.492	0.245
河南	0.508	0.520	0.481	0.067

续表

省份	能源高质量发展综合水平	清洁低碳指标水平	经济高效指标水平	安全可靠指标水平
山西	0.502	0.389	0.380	0.510
陕西	0.498	0.486	0.492	0.537
湖南	0.456	0.499	0.491	0.073
黑龙江	0.447	0.489	0.510	0.147
吉林	0.445	0.485	0.326	0.070
青海	0.394	0.482	0.290	0.379
辽宁	0.338	0.459	0.477	0.029
甘肃	0.318	0.471	0.234	0.182
新疆	0.280	0.457	0.142	0.302
宁夏	0.209	0.350	0.233	0.166

由表8-2可知，中国能源高质量发展综合水平介于0.209~0.899。其中，广东省（0.899）综合水平最高，宁夏回族自治区（0.209）的综合水平最低。30个省份能源高质量发展综合水平均值为0.586，标准差为0.173，表明2017年我国能源高质量发展综合水平整体良好，但不同省份之间又存在较为明显的空间差异。依据均值与标准差的关系，现将30个省份划分为第一梯队（水平高于均值+0.5标准差）、第二梯队（水平介于均值-0.5标准差至均值+0.5标准差之间）和第三梯队（水平低于均值-0.5标准差）三种类型。

经计算，处于第一梯队的省份能源高质量发展综合水平高于0.672，包括广东（0.899）、北京（0.845）、浙江（0.819）、江苏（0.787）、福建（0.775）、天津（0.773）、上海（0.753）、山东（0.747）、云南（0.681）9个省份。这些省份能源高质量发展综合表现较为优异，表明其在能源建设过程中能较好地遵循能源发展特征。其中，广东省和北京市的能源高质量发展综合水平不仅大幅度高于处于第二梯队和第三梯队的省份，而且与处于第一梯队的其他省份相比也具有明显的优势，是中国能源高质量发展综合水平表现最为优异的2个省份。在这9个省份中，含有东部地区的8个省份，占东部地区考察省份的73%；含有西部地区的1个省份，占西部地区考察省份的9%；不包括中部地区省份。表明东部地区整体上能源高质量发展水平高于中西部地区。

处于第二梯队的省份能源高质量发展综合水平介于0.500~0.672，包括四川（0.659）、湖北（0.654）、海南（0.650）、河北（0.644）、重庆（0.608）、广西

(0.596)、江西（0.590）、安徽（0.579）、内蒙古（0.568）、贵州（0.555）、河南（0.508）、山西（0.502）、陕西（0.498）13个省份。这些省份能源高质量发展综合水平处于30个省份的中间位置，说明其在能源发展过程中对能源高质量发展重视程度不足，但具有一定提升空间。所以这些省份应牢牢把握能源高质量发展的内涵，在实现经济高质量发展的同时带动能源的高质量发展。在这13个省份中，含有东部地区的2个省份，占东部地区省份的18%；含有中部地区的5个省份，占中部地区考察省份的63%；含有西部地区的6个省份，占西部地区考察省份的55%。表明大部分中、西部地区省份能源高质量发展水平处于全国各省份能源高质量发展水平的中间位置。

处于第三梯队的省份能源高质量发展综合水平低于0.500，包括湖南（0.456）、黑龙江（0.447）、吉林（0.445）、青海（0.394）、辽宁（0.338）、甘肃（0.318）、新疆（0.280）和宁夏（0.209）8个省份。这些省份能源高质量发展综合水平较低，综合表现较差，在能源发展过程中缺少对高质量发展相关理念的理解和重视。尤其是甘肃、新疆、宁夏3个省份，是中国能源高质量发展综合水平表现最不尽如人意的3个省份。所以处于第三梯队的省份应迎头赶上新时代的步伐，调整并快速适应能源质量发展的理念，从而真正实现能源健康持续的高质量发展。在这8个省份中，包含东部地区的1个省份，占东部地区考察省份的9%；包含中部地区的3个省份，占中部地区考察省份的37%；包含西部地区的4个省份，占西部地区考察省份的36%。可以看出，中、西部地区处于第三梯队的省份比例相当。

为了更加深刻地了解我国东、中、西部地区省份能源高质量发展综合水平的区域分布规律，现将属于第一梯队、第二梯队和第三梯队三种类型的省份按照东、中、西部地区进行划分，见表8-3。

表8-3　能源高质量发展水平的区域分布

类型	东部地区	中部地区	西部地区
第一梯队	北京、上海、广东、江苏、浙江、福建、天津、山东	—	云南
第二梯队	海南、河北	湖北、安徽、河南、山西、江西	四川、重庆、广西、内蒙古、贵州、陕西
第三梯队	辽宁	湖南、黑龙江、吉林	青海、甘肃、新疆、宁夏

由表8-3可知，除了中部地区没有属于第一梯队的省份外，东部地区和西部地区省份均涵盖三大梯队，但东部地区有73%的省份属于第一梯队，而

西部地区仅有8%的省份属于第一梯队；中部地区有63%的省份属于第二梯队，西部地区有55%的省份属于第二梯队。总体来看，我国能源高质量发展综合水平呈现出由东部地区向中西部地区逐步降低的趋势，说明我国能源高质量发展水平呈现出“东高、中西低”的区域分布格局。

二、能源高质量发展各维度水平

前述已经对能源高质量发展综合水平及区域分布状况有所分析，本部分进一步探索清洁低碳、经济高效、安全可靠指标在30个省份中分布的差异（见表8－2）。

（一）清洁低碳指标

由表8－2可知，清洁低碳指标水平介于0.350～0.648。其中，得分最高省份为广东（0.648），得分最低的省份为宁夏（0.350），与能源高质量发展综合水平分布状况相一致。结合均值（0.536）与标准差（0.069）的关系，现将30个省份的清洁低碳指标水平划分为第一梯队（得分高于均值＋0.5标准差）、第二梯队（得分介于均值－0.5标准差至均值＋0.5标准差之间）和第三梯队（得分低于均值－0.5标准差）三种类型。经计算，将属于第一梯队（清洁低碳指标得分高于0.571）、第二梯队（清洁低碳指标得分介于0.502与0.571之间）和第三梯队（清洁低碳指标得分低于0.502）的省份按照东、中、西部地区进行划分，见表8－4。

表8－4 各省市清洁低碳指标水平的区域分布

类型	东部地区	中部地区	西部地区
第一梯队	天津、广东、上海、浙江、福建、江苏、北京、山东、海南	—	—
第二梯队	河北	河南、安徽、湖北、江西	云南、四川、广西、重庆、内蒙古、贵州
第三梯队	辽宁	湖南、黑龙江、吉林、山西	陕西、青海、甘肃、新疆、宁夏

由表8－4可知，第一梯队中的9个省份均属于东部地区，占东部地区考察省份的82%。处于第二梯队的11个省份中，包含东部地区的1个省份，占东部地区考察省份的9%；包含中部地区的4个省份，占中部地区省份的

45%；包含西部地区的6个省份，占西部地区考察省份的55%。处于第三梯队的10个省份中，有1个省份属于东部地区，占东部地区考察省份的9%；包含中部地区的4个省份，占中部地区考察省份的50%；包含西部地区的5个省份，占西部地区考察省份的45%。可见，东部地区整体上能源清洁低碳发展水平高于中西部地区，西部地区能源清洁低碳发展水平与中部地区发展水平较为落后。同时，东部地区清洁低碳指标得分的均值为0.593，高出全国均值0.056；而中部地区和西部地区清洁低碳指标得分的均值分别为0.505和0.503，分别落后于全国平均水平0.031、0.033。这进一步表明，我国能源清洁低碳发展水平呈现出由东部地区向中西部地区逐步降低的趋势。

通过对比表8－3与表8－2可知，云南处于能源高质量发展综合水平的第一梯队，但却处于清洁低碳指标水平的第二梯队，山西和陕西处于能源高质量发展综合水平的第二梯队，但却处于清洁低碳指标水平的第三梯队，表明云南、山西和陕西在能源发展过程中对清洁低碳指标的发展重视程度不足，亟待解决能源清洁低碳指标发展问题。

（二）经济高效指标

经济高效指标水平介于0.142～0.606。其中，得分最高省份为天津（0.606），得分最低的省份为新疆（0.142），得分最高省份是得分最低省份的4.3倍，表明我国各省份经济高效指标发展水平之间存在差异。结合均值（0.468）与标准差（0.121）的关系，与上述方法相同，将30个省份的经济高效指标水平划分为第一梯队、第二梯队和第三梯队三种类型，并将属于三大类型的省份按照东、中、西部地区进行划分，见表8－5。

表8－5　各省份经济高效指标水平的区域分布

类型	东部地区	中部地区	西部地区
第一梯队	天津、北京、江苏、广东、上海、山东、福建、浙江、河北	湖北	重庆、四川
第二梯队	辽宁、海南	黑龙江、湖南、安徽、江西、河南	贵州、陕西、云南、广西
第三梯队	—	吉林、山西	新疆、甘肃、内蒙古、青海、宁夏

处于第一梯队的12个省份中，包含东部地区的9个省份，占东部地区考察省份的82%；包含中部地区的1个省份，占中部地区考察省份的13%；包

含西部地区的2个省份，占西部地区考察省份的18%。处于第二梯队的11个省份中，包含东部地区的2个省份，占东部地区考察省份的11%；包含中部地区的5个省份，占中部地区考察省份的63%；包含西部地区的4个省份，占西部地区考察省份的36%。处于第三梯队的7个省份中，包含中部地区的2个省份，占中部地区考察省份的25%；包含西部地区的5个省份，占西部地区考察省份的45%。可见，东部地区整体上能源经济高效发展水平高于中西部地区，中部地区能源高效发展水平高于西部地区。同时，东部地区经济高效指标水平的均值为0.553，高出全国均值0.085；而中部地区和西部地区经济高效指标水平的均值为0.425和0.384，分别落后于全国平均水平0.043和0.084；这进一步表明，我国经济高效发展水平由东部地区向西部地区逐步降低，呈现出“东高、中平、西低”的区域分布格局。

通过对比表8-4与表8-2可知，云南处于能源高质量发展综合水平的第一梯队，但却处于经济高效指标水平的第二梯队，山西、内蒙古处于能源高质量发展综合水平的第二梯队，但却处于经济高效指标水平的第三梯队，表明云南、山西和内蒙古能源产业的发展过程中经济高效指标水平发展薄弱，有很大的提升空间。

（三）安全可靠指标

安全可靠指标得分数值介于0.029~0.537。其中，得分最高省份为陕西，得分最低的省份为新疆、辽宁，得分最高省份是得分最低省份的18.5倍，表明各省份之间安全可靠指标发展水平空间差异十分明显。依据均值（0.170）与标准差（0.145）的关系，与上述方法相同，将30个省份的安全可靠指标得分划分为第一梯队、第二梯队和第三梯队三种类型，并将属于三大类型的省份按照东、中、西部地区进行划分，见表8-6。

表8-6　各省份安全可靠指标水平的区域分布

类型	东部地区	中部地区	西部地区
第一梯队	—	山西	陕西、内蒙古、云南、青海、新疆、贵州
第二梯队	天津、福建、广东、北京、上海	黑龙江、安徽、	四川、甘肃、宁夏、重庆
第三梯队	江苏、浙江、山东、海南、河北、辽宁	湖北、湖南、吉林、河南、江西	广西

处于第一梯队的7个省份中，1个省份属于中部地区省份，占中部地区考察省份的13%；6个省份属于西部地区，占西部地区考察省份的55%；不包含东部省份。处于第二梯队的11个省份中，包含东部地区的5个省份，占东部地区考察省份的45%；包含中部地区的2个省份，占中部地区考察省份的25%；包含属于西部地区的4个省份，占西部地区考察省份的36%。处于第三梯队的12个省份中，6个省份属于东部地区省份，占东部地区考察省份的55%；5个省份属于中部地区，占中部地区考察省份的45%；1个省份属于西部地区省份，占西部地区考察省份的9%。可见，西部地区整体上能源安全可靠发展水平高于中东部地区，中部地区能源安全可靠发展水平高于东部地区。同时，西部地区安全可靠指标得分的均值为0.379，高出全国均值0.108；而中部地区和东部地区安全可靠指标得分的均值分别为0.138和0.086，分别落后于全国平均水平0.033和0.085。这进一步表明，我国能源安全可靠指标发展水平较低，且由西部地区向中、东部地区逐步降低，呈现出“西高、中平、东低”的区域分布格局。

通过对比表8-5与表8-2可知，福建、广东、北京、天津、浙江、江苏、上海、山东处于能源高质量发展综合水平的第一梯队，但对于安全可靠指标水平而言，天津、福建、广东、北京、上海处于第二梯队，江苏、浙江、山东处于第三梯队，湖北、河南、江西、广西处于能源高质量发展综合指数的第二梯队，但却处于能源安全可靠指标水平的第三梯队，可以看出，这些省份应在能源发展的安全可靠方面提高重视，以更好地实现我国能源的高质量发展。

第九章　经济高质量发展背景下区域能源消费的测度

在工业化发展进程中，能源是支撑经济增长和经济发展的重要物质资源，因此，对能源消费与经济增长或经济发展之间关系的研究一直都是学术界关注的重点问题。目前，大部分研究集中在经济增长数量框架下探讨能源消费问题，比较有代表性的如下。林伯强（2001）认为，经济增长既是影响能源消费的长期因素，又是能源短期需求的决定因素。赵进文和范继涛（2007）使用非线性STR模型分析我国能源消费与经济增长之间内在结构依从关系，认为经济增长对能源消费的影响具有非线性、非对称性和阶段性的特征。隋建利等（2017）认为，经济增长对煤炭和石油消费的驱动作用持续期较长，而对天然气和电力消费的驱动作用持续期较短。史丹（2017）认为，在经济发展新常态下，经济增长与能源消费之间明显的相关关系已不存在，我国经济增长与能源消费已达到弱脱钩状态。邢春娜（2019）认为，经济增长是导致能源消费空间差异的主要因素，而地区内部能源消费差异的贡献率随时间的推移而不断变化。基于经济发展质量框架下测度能源消费问题的研究非常少，已有研究至多可以归纳为在广义经济增长质量框架下研究能源消费问题，比较有代表性的如下。蒲原（Kambara，1992）、彭利红等（2015）、郑新业等（2019）认为，产业结构调整是影响能源消费的重要因素；而林贤暖和波伦斯克（Lin and Polenske，1995）、孙金武（Sun，1998）、加尔巴乔等（Garbaccio et al.，1999）、昂（Ang，2005）则持相反的观点。李博和李清彬（2013）认为，对外开放程度与技术创新能力是促进地区能源消费差距缩小的重要因素。钱娟（2018）基于产品质量改进思想构建了包含能源和绿色技术创新的经济增长模型，认为技术进步可以有效推动工业行业的节能降耗，但不同技术进步路径的节能降耗绩效存在异质性。章恒全等（2018）认为，技术进步和技术效率对能源消费的影响有较为明显的地域特征，技术进步主要在东部地区显示出正向节能作用，而技术效率则对西部地区的能源消费表现出显著的抑制效应。

本章主要从中国经济高质量发展背景下探讨能源消费的测度问题，所做的主要工作如下。(1) 通过对高质量发展演进历程的梳理、归纳和总结，从经济发展新常态和新发展理念的视角，对经济高质量发展的内涵进行阐释和界定；(2) 基于经济高质量发展的内涵，构建经济高质量发展背景下能源消费的理论分析框架，为定量测度能源消费提供理论依据；(3) 为解决空间样本单元不满足独立性的假设，使用全局空间自相关和局部空间自相关测度区域间能源消费的空间相关性；(4) 为解决空间样本单元不满足同分布的假设，使用地理加权回归模型测度区域间能源消费的空间异质性；(5) 根据经济高质量发展不同维度和不同区域能源消费的差异性，提出促进各区域经济高质量发展的精准化对策与建议。

第一节　理论分析框架

在经济高质量发展背景下探讨能源消费问题，可将影响能源消费的因素分为内部因素、外部因素和技术因素三个方面。其中，内部因素主要是指由经济系统内部自身发展水平和发展方式转变引起的能源消费变动，包括协调发展、绿色发展和共享发展三个方面；外部因素是指由与经济系统相关的外部作用力推动，主要是开放发展方面；技术因素是指由技术创新引起的能源消费变动，主要是创新发展方面。图 9－1 展示了经济高质量发展背景下能源消费的理论分析框架。

一、协调发展影响产业结构升级和城乡一体化水平

协调发展是经济高质量发展的核心要素，而产业协调发展和城乡协调发展又是协调发展的重要组成部分。产业协调发展的重要评判标准是产业结构合理化和产业结构高级化。产业协调发展能够通过产业结构合理化提升稀缺资源的利用效率，从而产出更多满足社会需求的产品，有效增加产品的边际效用水平，提升社会总体福利，优化经济产出的产品结构，满足社会的多元化需求；通过改变经济活动各要素的贡献度，影响经济发展对能源消费规模

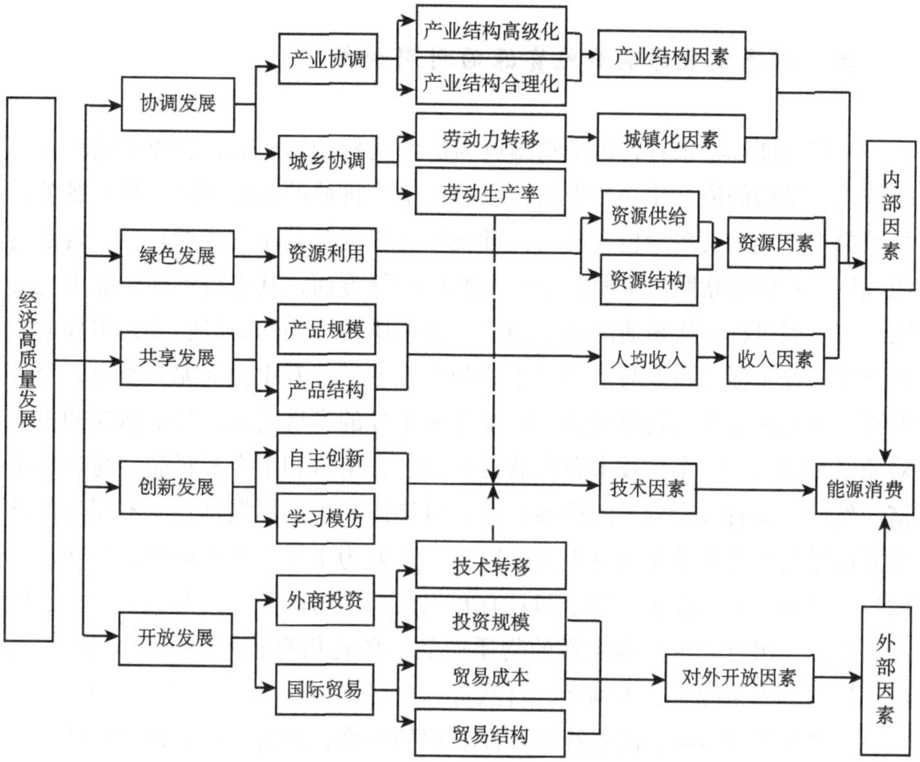

图9-1　经济高质量发展背景下能源消费的理论分析框架

和水平的影响。产业协调发展能够通过产业结构高级化调整高耗能产业在经济总量中的比重，减少社会对能源消费的需求，影响能源消费水平。城乡协调发展的主要目标是缩小城乡差距，由于二元经济结构自身的特点，城乡生产方式与劳动生产率方面存在着较大的差异，因此，要缩小城乡差距实现城乡协调发展，主要路径就是不断推进城镇化进程、提高城镇化水平。随着社会生产力水平的不断提高，推动劳动力由农村向城镇转移已成为社会发展的自然规律，通常劳动生产率较高的产业提供的工资相对较高，从而推动劳动力由劳动生产率较低的产业向劳动生产率较高的产业转移。然而，无论是第二产业，还是第三产业，其产生、发展和繁荣的根基都在城市，而不在农村。在城镇化发展只注重数量扩张的初期阶段，由于城镇人均能源消费量要高于农村人均能源消费量，所以城镇化水平的提高往往会增加能源消费量；到城镇化水平比较稳定且注重质量提升的阶段，城镇集约的生产和生活方式以及城镇居民高于农村居民的节能意识，可能会降低能源消费量。

二、绿色发展影响自然资源的利用方式

从环境能源学来看，污染物排放与能源消费密切相关，能源消费增长趋缓和能源结构的清洁化必然带来相应的污染物排放的增速下降，甚至排放总量减少。因此，实现绿色发展的关键在于自然资源利用方式的转变。自然资源利用包括资源禀赋、资源供给和资源结构等方面，其在以不同产业为主导的经济发展过程中所扮演的角色和发挥的作用是不同的。以农业为主导的发展阶段，经济活动投入与产出对象均为自然资源，其中土地尤为重要，经济发展水平受制于土地资源禀赋。以工业为主导的发展阶段，经济活动的投入对象以劳动力、资本、技术和自然资源为主，生活和生产资料品种越来越丰富。然而，随着社会分工的逐步扩大，最终产品生产周期延长，不同生产环节对能量转化的需求在持续上升。以第三产业为主导的发展阶段，经济活动的投入对象主要以技术、资金和具有知识创新能力的劳动力等为主、自然资源为辅，产出以满足基本生活的物质产品和依托信息技术的虚拟产品为主，经济增长动力来源于技术创新，自然资源对经济增长的贡献度逐渐减弱。在经济高质量发展阶段，随着社会环保意识的提高，政府开始有计划地使用环境规制组合手段引导自然资源利用方式的转变，对能源消费所带来的影响主要有两部分。其中，一部分影响来源于绿色发展改变了自然资源的供需状况，能够有效提升市场中较高性价比自然资源的供给水平，推动优质资源的开采和使用，提高自然资源的深加工水平。另一部分影响来源于绿色发展改变了企业对自然资源的投入结构，减少对初级自然资源投入的依赖，提升生产残余物的回收利用水平，加大清洁能源在能源消费中的比重，有利于促使企业提高自然资源的利用效率。总体来说，绿色发展通过能源结构影响能源消费水平。

三、共享发展影响人均收入水平

共享发展是经济高质量发展的根本目标，核心内容是实现发展成果由全体人民共享，使全体人民在共建共享发展中有更多获得感。从实物运动的角度来看，所谓共享发展，是指全体人民人均占有的产品规模较为丰富，产品结构比较完善；从价值运动的角度来看，所谓共享发展，是指全体人民人均

收入水平的极大提高。国民经济循环的一般规律表明，实物运动形成社会的总供给，价值运动形成社会的总需求；要保证国民经济的正常运行，不仅要有高质量的产品供给，更重要的是需要有效的需求作为支撑。在经济高质量发展阶段，从供给侧来看，产品的规模和结构基本都处于饱和状态；因此，从需求侧使用人均收入作为衡量共享发展水平是比较有代表性的。按照边际消费倾向递减规律，随着人均收入水平的提高，人均能源消费量也会不断增加，但当人均收入达到比较高的水平后，人均能源消费量会呈现出下降的趋势。林伯强和欧阳晓玲（2014）对此进行了验证，通过考察能源需求与经济增长两者的变动趋势，验证了中国“能源库兹涅茨曲线”长期与短期的存在性。

四、创新发展引领社会技术进步

根据技术创新的来源可分为企业自主创新和借鉴成熟技术的学习模仿创新。经济高质量发展源于社会的技术进步，技术进步与经济高质量发展之间具有“激励—反馈”的作用机制。获取超过社会平均利润的动力激励企业运用技术资源在现有基础上通过自主创新或学习模仿改进生产工艺，进而推动经济高质量发展；而经济高质量发展则会通过延续技术创新的使用周期反向推动技术创新的多次成长或孵化出新的生产技术。创新发展能够有效提升传统产业部门资源利用效率，促使拥有先进生产设备和技术的新兴产业部门建立，推动自然资源流向具有现代特征的产业部门。与传统产业部门相比，现代产业部门具有自然资源利用效率高、清洁能源在能量转化中的比重逐渐上升和残余物循环利用水平较高等特点。因此，在经济发展过程中，现代产业部门有助于通过市场机制淘汰落后的产能设备，提高资源的利用效率，实现稀缺资源的优化配置，为技术创新释放空间。现代产业部门对清洁能源的需求不断增加，可以促使清洁能源开采技术的快速发展，有效扩大能源供给。同时，技术创新能够有效激发社会潜在的消费能力，扩大市场的整体消费需求，提升对能源的消费水平。由此可知，创新发展通过技术进步对能源消费变动的影响是双向的，既有抑制能源消费的影响也有扩大能源消费需求的影响。从短期来看，创新发展能够通过技术效应减少生产过程中的能源消费量；从长期来看，创新发展能够通过扩大经济规模增加能源消费量。

五、开放发展影响外商直接投资和国际贸易

外商直接投资的目的是国际资本在全球寻求高回报的投资机会过程中实现资本积累，实现全球资源的重新配置，拓展国际分工的广度与深度。在全球产业链中，我国的比较优势产业已从低端加工制造业转变为技术含量较高的中高端制造业，清洁生产已经成为各个产业生产工艺升级的目标。在此背景下，无论占据主导地位的产业特征是高消耗高排放还是低消耗低排放，外商直接投资中投资规模的扩大均会直接增加对能源消费的需求。引进生产技术的最低要求是技术水平高于我国行业水平，这意味着引进的生产技术可以实现投入等量自然资源可获得更多产出，且能源消耗水平更低。由于我国目前推行生产过程的清洁化，从短期来看，外商直接投资的技术引进会刺激产业规模的扩大，增加能源消费量。但是，从长期来看，技术引进有助于提升能源利用效率，提升能源消费中清洁能源比重，降低对能源消费的需求。外商直接投资的实质是全球资本的流动，国际贸易的实质是全球产品的流动，目标均是实现全球资源的优化配置。在国际贸易中，出口产品结构往往是影响能源消费的主要因素。出口产品科技含量越高，意味着等量产值下消耗的能源越少；如果出口产品以自然资源初级加工和重工业为主，意味着等量产值下消耗的能源就会比较高。因此，对外经济贸易中的产品规模和结构直接影响着能源消费需求。

第二节　能源消费基本特征、指标方法与数据来源

一、能源消费基本特征

虽然能源消费强度明显下降，但能源消费总量持续快速上升，能源消费结构调整比较缓慢（见图 9 - 2）。2016 年，中国能源消费总量为 43.58 亿吨标准煤，同比增长 1.4%。作为世界第一大能源消费国，中国能源消费占世界能源消费的 23%，比排名第二的美国高出 5.9 个百分点。中国能源消费总量从 2005 年的 26.14 亿吨标准煤，上升到 2016 年的 43.58 亿吨标准煤，增长 66.75%，年均增长 15.16%，总体上呈现出较快的上升趋势。能源消费强

度从2005年的万元国内生产总值1.395吨标准煤下降到2016年的0.589吨标准煤，减少0.806吨标准煤，年均减少0.073吨标准煤，整体上呈现出显著的下降趋势，但下降的幅度在减缓。能源消费结构从2005年的72.40%下降到2016年的62.03%，下降10.4%，年均下降0.94%；虽然长期来看煤炭消费占能源消费总量的比例有明显的下降，但进一步调整的空间比较有限，煤炭消费支撑起能源消费半壁江山的局面难有改变。

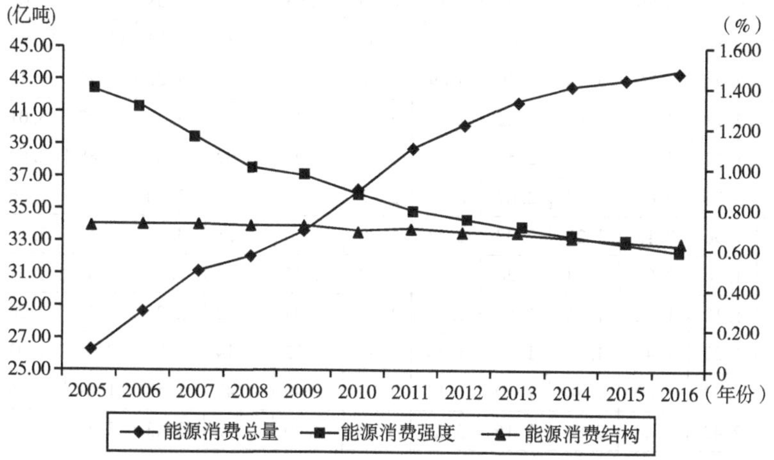

图9-2　2005~2016年中国能源消费总量、消费强度、消费结构变化

人均能源消费水平逐年上升，地区间人均能源消费呈现明显分化的特征（见表9-1）。2016年，中国日均能源消费1195万吨标准煤，人均能源消费3.15吨标准煤，均高于世界平均水平。中国区域间人均能源消费排序与能源消费总量排序存在较大差异，东部经济发达地区能源消费总量水平较高，西部经济欠发达地区人均能源消费水平高于东部地区。从全国平均水平来看，2005年全国人均能源消费为2.01吨标准煤，到2016年增加到3.28吨标准煤，基本呈现出持续上升的特征。从全国人均能源消费的标准差和变异系数来看，标准差由2005年的1.28吨标准煤上升到2016年的2.55吨标准煤，变异系数由2005年的0.64上升到2016年的0.78，这些均表明地区间人均能源消费的差异性在增强，地区间人均能源消费的差距在扩大。比较有代表性的是，北京的人均能源消费由2005年的2.03吨标准煤下降到2016年的0.71吨标准煤，而内蒙古和宁夏的人均能源消费则由2005年的4.82吨标准煤和4.22吨标准煤上升到2016年的11.48吨标准煤和10.15吨标准煤；北京的人均能源消费不仅远远低于全国平均水平，而且呈现出持续的下降趋势，而内蒙古和宁夏的人均能源消费不仅远远超过全国平均水平，而且呈现出稳定的上升趋势。

表 9-1　2005~2016 年中国 30 个省份人均能源消费量　单位：吨标准煤

省份	2005 年	2006 年	2007 年	2008 年	2009 年	2010 年	2011 年	2012 年	2013 年	2014 年	2015 年	2016 年
北京	2.03	1.99	1.93	1.71	1.61	1.52	1.31	1.25	1.11	1.01	0.82	0.71
天津	3.42	3.53	3.62	3.55	3.66	3.75	3.91	3.94	3.73	3.52	3.25	3.09
河北	2.92	3.14	3.41	3.49	3.70	3.90	4.39	4.42	4.42	4.15	4.04	4.00
山西	6.24	6.86	7.04	6.92	6.81	6.96	7.63	7.92	8.08	8.22	8.08	7.79
内蒙古	4.82	5.62	6.43	7.62	8.21	9.06	11.32	11.75	11.22	11.47	11.43	11.48
辽宁	2.91	3.16	3.44	3.49	3.69	3.98	4.30	4.40	4.22	4.25	4.15	4.03
吉林	2.13	2.38	2.52	2.62	2.70	3.00	3.45	3.44	3.26	3.23	3.01	2.91
黑龙江	1.94	2.05	2.23	2.43	2.46	2.71	2.93	3.09	2.84	2.88	2.89	2.94
上海	2.78	2.67	2.67	2.67	2.59	2.71	2.79	2.65	2.60	2.38	2.36	2.33
江苏	1.96	2.15	2.29	2.37	2.43	2.70	3.16	3.21	3.21	3.16	3.21	3.31
浙江	1.76	2.02	2.24	2.26	2.28	2.32	2.45	2.39	2.36	2.31	2.31	2.28
安徽	1.13	1.22	1.36	1.56	1.72	1.88	2.04	2.12	2.25	2.27	2.26	2.26
福建	1.29	1.40	1.60	1.67	1.83	1.87	2.22	2.14	2.06	2.08	1.93	1.76
江西	0.93	1.00	1.10	1.10	1.14	1.34	1.49	1.47	1.58	1.61	1.66	1.63
山东	2.42	2.68	2.98	3.16	3.23	3.43	3.59	3.72	3.43	3.55	3.64	3.61
河南	1.60	1.81	2.02	2.08	2.10	2.29	2.53	2.33	2.30	2.32	2.31	2.28
湖北	1.41	1.58	1.76	1.75	1.89	2.15	2.46	2.47	2.04	2.03	2.00	2.00
湖南	1.23	1.33	1.45	1.43	1.51	1.56	1.72	1.65	1.57	1.53	1.60	1.61
广东	1.12	1.22	1.32	1.36	1.37	1.52	1.68	1.63	1.56	1.55	1.52	1.54
广西	0.81	0.88	1.00	0.98	1.08	1.32	1.47	1.53	1.52	1.46	1.37	1.46
海南	0.44	0.47	0.56	0.64	0.72	0.86	1.01	1.11	1.14	1.12	1.18	1.13
重庆	1.12	1.21	1.31	1.63	1.74	1.91	2.16	2.08	1.77	1.86	1.85	1.80
四川	0.87	0.98	1.10	1.23	1.37	1.38	1.41	1.48	1.52	1.48	1.33	1.27
贵州	1.82	2.15	2.33	2.20	2.46	2.52	2.79	3.05	3.14	3.02	2.99	3.15
云南	1.47	1.61	1.68	1.72	1.86	1.96	2.02	2.08	2.03	1.82	1.62	1.59
陕西	1.39	1.68	1.85	2.08	2.28	2.72	3.08	3.57	3.80	4.03	3.98	4.15
甘肃	1.33	1.41	1.58	1.64	1.59	1.86	2.14	2.25	2.34	2.40	2.31	2.23
青海	1.11	1.47	1.71	2.22	2.29	2.19	2.50	3.00	3.31	3.03	2.64	3.19
宁夏	4.22	4.56	5.20	5.61	6.13	7.15	9.71	9.76	10.25	10.44	10.58	10.15
新疆	1.76	1.98	2.17	2.44	3.00	3.27	3.89	4.67	5.45	5.95	6.11	6.55
平均	2.01	2.21	2.40	2.52	2.65	2.86	3.25	3.35	3.34	3.34	3.28	3.28
标准差	1.28	1.41	1.51	1.62	1.70	1.86	2.36	2.45	2.47	2.56	2.58	2.55
变异系数	0.64	0.64	0.63	0.64	0.64	0.65	0.73	0.73	0.74	0.77	0.79	0.78

二、产业协调发展指数指标

目前，学术界普遍分别采用产业结构合理化指数或者产业结构高级化指数衡量产业结构的变化。

（一）产业结构合理化指数

产业结构合理化是指产业结构的内部平衡度，主要衡量产业结构与就业结构是否协调。目前衡量产业结构合理化的方法有标准结构法、产业结构偏离度、结构效益指数以及泰尔指数，其中，结构偏离度和泰尔指数被广泛使用。计算公式为：

$$E = \sum_{i=1}^{n} \left| \frac{\frac{Y_i}{L_i}}{\frac{Y}{L}} - 1 \right| = \sum_{i=1}^{n} \left| \frac{\frac{Y_i}{Y}}{\frac{L_i}{L}} - 1 \right| \tag{9.1}$$

其中，E 表示产业结构偏离度，$\frac{Y_i}{L_i}$ 表示第 i 产业的劳动生产率，$\frac{Y_i}{Y}$ 表示第 i 产业占总产值的比重，$\frac{L_i}{L}$ 表示第 i 产业从业人员占从业人员总数的比重。通过式（9.1）可以看出，当各产业的劳动生产率与三次产业之和的劳动生产率相等时，生产要素在三次产业的分配比例达到帕累托最优，此时产业结构最合理，经济处于均衡状态。

泰尔指数在产业结构偏离度的基础上考虑各产业的相对权重，保留了产业结构偏离度的理论基础与经济意义。因此，用泰尔指数来衡量产业结构合理化较为准确。其计算公式为：

$$TL = \sum_{i=1}^{n} \left(\frac{Y_i}{Y}\right) \ln\left(\frac{\frac{Y_i}{L_i}}{\frac{Y}{L}}\right) \tag{9.2}$$

其中，指标的含义与产业结构偏离度一致。因此，当经济处于均衡状态时，有 $\frac{Y_i}{X_i} = \frac{Y}{X}$，即 $TL = 0$。所以 TL 值越接近于 0，产业结构越合理，反之亦然。

（二）产业结构高级化指数

产业结构高级化是指产业结构重心从第一产业向第二、第三产业逐步转移的过程。常用的方法为第三产业产值占总产值比重，计算公式为：

$$TS = \frac{Y_3}{Y} \tag{9.3}$$

其中，TS 表示产业结构高级化程度，Y_3 表示第三产业产值，Y 表示三次产业总产值。TS 越大，表明产业结构高级化程度越高。此方法忽略了第一、第二产业对其产生的影响，干春晖等（2011）对其进行改进，提出用第三产业与第二产业产值之比测算产业结构高级化。计算公式为：

$$TS = \frac{Y_3}{Y_2} \tag{9.4}$$

其中，Y_2 表示第二产业产值，其他指标与上述公式一致。

（三）产业协调发展指数

本书主要从产业结构合理化和产业结构高级化两个方面同时衡量产业协调发展。考虑到两个指标各自变化的特点，通过变异系数法对产业结构合理化指数和产业结构高级化指数进行赋权，并进行加权平均综合得到产业协调发展指数。计算公式为：

$$IS = \omega_1 TL + \omega_2 TS \tag{9.5}$$

其中，IS 表示产业协调发展指数，TL 表示产业结构合理化指数，TS 表示产业结构高级化指数，ω_1、ω_2分别表示产业结构合理化指数和产业结构高级化指数的权重。

三、能源消费的地理加权回归模型

根据经济高质量发展背景下能源消费的理论分析框架，从创新发展、协调发展、绿色发展、开放发展、共享发展等多路径对能源消费影响因素进行定性分析；同时考虑指标的测度问题，最后将影响能源消费的因素归纳为六个方面，即产业结构因素、城镇化因素、资源因素、收入因素、技术因素和对外开放因素。设第 i 个地区的坐标为 (u_i, v_i)，则经济高质量发展背景下能源消费的地理加权回归模型（GWR）为：

$$EU_{ij} = \beta_0(u_i, v_i) + \beta_1(u_i, v_i) IS_{ij} + \beta_2(u_i, v_i) URB_{ij} + \beta_3(u_i, v_i) ES_{ij} + \beta_4(u_i, v_i) GDP_{ij} + \beta_5(u_i, v_i) R\&D_{ij} + \beta_6(u_i, v_i) EXP_{ij} + \varepsilon_{ij} \quad (9.6)$$

其中，EU_{ij}表示第 i 个地区第 j 个时期的人均能源消费；IS_{ij}、URB_{ij}、ES_{ij}、GDP_{ij}、$R\&D_{ij}$、EXP_{ij}分别表示第 i 个地区第 j 个时期的产业协调发展指数、城镇化、能源消费结构、人均 GDP、技术进步、对外开放程度；分别表征产业协调发展、城乡协调发展、绿色发展、共享发展、创新发展、开放发展。

四、数据来源

本章以 2005～2016 年国内 30 个省份（西藏、香港地区、澳门地区及台湾地区因缺少数据剔除）作为研究样本。被解释变量为人均能源消费（EU），用各省份能源消费总量与各省总人口的比值表示；解释变量为技术进步（R&D）用各省份 R&D 经费支出与总人口的比值表示；产业协调发展指数（IS）用产业结构合理化和产业结构高级化的合成结果表示；城镇化（URB）用各省份城镇人口占总人口的比重来表示；采用煤炭消费在能源消费中的占比衡量能源消费结构（ES），各类能源按折算系数折算为标准煤；对外开放程度（EXP）用各省份对外出口额与总人口的比值表示；人均 GDP 用各省份实际 GDP 与总人口的比值表示，其中 GDP 根据价格指数平减为 2005 年不变价格。以上数据来源于历年《中国能源统计年鉴》《中国工业年鉴》《中国统计年鉴》以及 Wind 数据库。表 9－2 报告了主要变量的基本统计特征。

表 9－2　　主要变量的统计描述

变量类型	变量	平均值	最小值	最大值	标准差
被解释变量	人均能源消费	2.599	0.175	21.601	2.683
解释变量	技术进步	0.048	0.001	0.637	0.083
	产业协调发展指数	0.791	0.433	3.059	0.325
	城镇化	0.487	0.196	0.896	0.149
	能源消费结构	0.784	0.468	0.931	0.073
	对外开放程度	0.077	0.058	1.031	0.092
	人均 GDP	1.875	0.276	6.251	1.253

第三节 能源消费的空间相关性与异质性分析

一、能源消费的空间相关性分析

Moran's I 指数检验结果表明，各变量均通过全局空间相关性检验。由于全局空间自相关侧重于描述某个变量在整体分布空间上是否存在空间集聚性，忽略了区域间的空间相关问题，不能够较好地刻画局部空间相关方向和相关程度。因此，本书在检验各变量全局空间相关的基础上，着重分析局部空间相关的特征。局部相关性分为两类模式：一类是“高—高”和“低—低”集聚型，区域的变量值与其周围区域变量值具有正向相关性；另一类是“高—低”和“低—高”集聚型，其变量值与周围区域变量值具有负向相关（Anselin，2010）。根据 LISA 集聚图得到各变量在 2005 年、2010 年及 2015 年的等间隔空间集聚分布，结合各变量局部空间相关结果分析不同时期的空间集聚特征，对应分析结果见表 9－3。

表 9－3　　各变量 LISA 指数显著区域分布

变量	模式	2005 年	2010 年	2015 年
EU	HH	内蒙古　吉林　河北　北京　天津	内蒙古　黑龙江　吉林　辽宁　河北	内蒙古　河北
	LH	甘肃	甘肃　陕西	甘肃
	LL	云南　广东	广东	广东
IS	HH	上海　浙江　安徽　湖南　江西	江苏　上海　浙江　安徽　江西	山东　江苏　上海　浙江　安徽　湖北　湖南　江西　福建
GDP	HH	河北　江苏	北京　江苏　上海	北京　江苏　上海
	LH	—	河北	河北
	HL	广东	广东	广东
	LL	新疆　四川　云南	新疆　青海　四川　云南	新疆　青海　四川　云南
URB	HH	—	—	河北
	LH	河北	河北	—
	HL	广东	广东	—
	LL	云南	云南	新疆

续表

变量	模式	2005 年	2010 年	2015 年
R&D	HH	天津	天津	天津
	LH	—	河北	河北
	HL	广东	—	—
	LL	—	新疆	新疆 四川 云南
ES	LL	内蒙古 甘肃 宁夏 陕西	内蒙古 甘肃 宁夏 陕西	内蒙古 甘肃 宁夏 陕西 山西 黑龙江
	HH	广东	广东	广东
EXP	HH	江苏 上海 浙江	江苏 上海 浙江	江苏 上海 浙江 福建
	LL	新疆 陕西 四川 重庆 贵州 云南	新疆 陕西 四川	新疆 内蒙古

注：HH 表示“高—高”集聚，HL 表示“高—低”集聚，LH 表示“低—高”集聚，LL 表示“低—低”集聚。

能源消费呈现北方“高—高”集聚，南方“低—低”集聚的分布特征。2005 年，“高—高”区域包括内蒙古、吉林、河北、北京和天津；甘肃属于“低—高”区域，这是因为甘肃恰好处于高能源消费区域的中间，周边的宁夏、内蒙古、青海、新疆能源消费在 30 个省份中位列前四；“低—低”区域包括云南、广东、广西、江西、海南、湖南。2010 年，北京和天津不再处于“高—高”区域，陕西进入“低—高”区域，能源消费有所降低；黑龙江和辽宁进入“高—高”区域，东北地区能源消费有所提高。2015 年，“高—高”区域仅包括内蒙古和河北，与周边辽宁、山西呈现出显著的空间正相关。2005 ~ 2015 年，“高—高”区域发生变化，北京、天津及东北地区的能源消费明显下降；“低—低”区域范围在缩小，能源消费水平有所提高。

华东和华北地区创新发展水平较高，西部地区较低。2005 年，天津属于“高—高”区域，且呈现出显著的空间正相关；广东处于“高—低”区域，与周边的江西、湖南、海南、广西形成空间负相关。2015 年，上海进入“高—高”区域，与周边江苏、浙江形成空间正相关；“低—低”区域包括新疆和云南，与周边的省份形成空间正相关。2005 ~ 2015 年，创新发展空间集聚在增强，“高—高”区域主要在华东和华北地区，“低—低”区域主要在西北和西南地区，空间分布差异显著。

产业协调发展形成以长三角为中心的辐射格局。2005 年，“高—高”区域集中在华东地区的上海、浙江、安徽、江西及华中地区的湖南，这些区域产业结构合理化和产业结构高级化的水平较高且存在显著的空间正相关。2015年，“高—高”区域增加至9个，包括山东、江苏、上海、浙江、安徽、湖北、湖南、江西和福建。与2005年相比，2015年产业结构变动空间集聚发生明显的扩散，“高—高”区域从上海、浙江转移到江西、湖南和湖北，长三角制造业发展对周边省份具有明显的辐射作用，形成连片高产值集聚区。相比之下，珠三角并未形成“高—高”集聚区域，广东发展对周边省份的拉动作用并不显著。

东部地区的城乡协调发展水平明显高于中西部地区。2005年，我国城乡协调发展并未形成“高—高”区域，河北处于“低—高”区域，城乡协调发展水平较低，仅为37.69%，与周边的北京、天津形成空间负相关；云南属于“低—低”区域，与周边广西、贵州、四川形成空间正相关；广东处于“高—低”区域，与广西、湖南、江西呈现空间负相关。2005~2015年，城乡协调发展水平显著提高，尤其是东部沿海地区如上海、江苏、浙江等；河北由“低—高”区域进入“高—高”区域，北京、天津的快速发展带动了河北城乡协调发展水平的提高。

绿色发展水平呈现南方高、北方低的空间格局。2005年，“高—高”区域包括以广东为中心的珠三角经济带，内蒙古、甘肃、宁夏和陕西处于“低—低”集聚区域。2015年，能源消费结构的“低—低”集聚区域增加至6个，包括内蒙古、甘肃、宁夏、陕西、山西和黑龙江；西北地区“低—低”集聚的特征逐渐扩大至华北及东北地区；广东、广西、福建等地区煤炭消费较少，具有“高—高”集聚的特点。

开放发展水平东南沿海地区较高，内陆地区较低。2005年，“高—高”区域包括江苏、上海和浙江，与其周边省份形成空间正相关；“低—低”区域包括新疆、陕西、四川、重庆、贵州、云南，与其周边省份形成空间正相关。2005~2015年，“高—高”区域有所增加，主要集中在东部沿海地区，这与其优越的地理条件密切相关；“低—低”区域明显减少，重庆、贵州、四川、云南的开放发展水平均有显著提高，不再属于“低—低”区域。

共享发展形成以北京和上海为中心的驱动格局。2005~2015年，“高—高”区域主要包括以北京为中心的京津冀区域和以上海为中心的长三角区域；且长三角对周边地区的辐射带动作用较为明显，而京津冀协同发展虽然对河北具有一定影响，但效果并不显著。“低—低”区域基本稳定在以新疆、青海、四川和云南为中心的西北和西南地区，欠发达省份与周边地区呈现空间正相关，共享发展具有连片的特征。广东的共享发展质量较高，虽然一枝独秀，但始终处于“高—低”集聚区域的中心，对周边地区的拉动作用不如北京和上海明显。

二、能源消费的空间异质效应分析

由于地理加权回归模型可处理的数据类型是截面数据，为更好地展示中国经济高质量发展背景下能源消费的时空演变规律，体现可比性和显著性的特点，分别选取 2005 年、2010 年和 2015 年的数据进行等间隔分析和报告。本书应用 GWR4 软件选择 Fixed Gauss 核函数，并使用 ArcGIS 确定核函数带宽估计 GWR 模型的分位数回归结果（Elhorst，2014），见表 9－4。

表 9－4　GWR 模型不同水平分位数回归估计结果

年份	变量	最小值	1/4 分位数	中位数	3/4 分位数	最大值
2005	IS	0.157	0.238	0.261	0.278	0.294
	GDP	1.229	1.304	1.351	1.399	1.517
	URB	0.341	0.428	0.464	0.481	0.528
	R&D	−0.448	−0.413	−0.397	−0.381	−0.351
	ES	0.357	0.365	0.372	0.382	0.430
	EXP	0.622	0.665	0.688	0.713	0.743
2010	IS	0.502	0.517	0.535	0.555	0.638
	GDP	1.719	1.762	1.791	1.835	1.948
	URB	0.159	0.261	0.291	0.311	0.419
	R&D	−0.953	−0.891	−0.865	−0.838	−0.786
	ES	0.087	0.172	0.198	0.213	0.239
	EXP	0.554	0.558	0.562	0.569	0.602
2015	IS	1.129	1.155	1.183	1.222	1.465
	GDP	1.926	1.961	1.984	2.021	2.272
	URB	0.097	0.185	0.221	0.241	0.258
	R&D	−2.201	−1.847	−1.788	−1.742	−1.693
	ES	−0.306	−0.213	−0.181	−0.151	−0.113
	EXP	0.069	0.042	0.023	0.002	0.089

从分位数回归结果来看，在不同分位数水平上，2005 年、2010 年和 2015 年的产业协调发展、共享发展、城乡协调发展、开放发展对能源消费的影响均为正相关，创新发展对能源消费的影响均为负相关；绿色发展对能源消费的影响在 2005 年和 2010 年为正相关，在 2015 年为负相关；模型在整体上呈现出较强的稳定性。随着分位数水平的提高，正相关的影响程度在增强，负相关的影响程度在减弱。各变量回归系数在空间上的分布见表 9-5 ~ 表 9-10。由于创新发展对能源消费的影响为负，为直观理解影响程度，使用的数值为系数的绝对值。

表 9-5　　2005 年、2010 年、2015 年创新发展回归系数空间分布

年份	北京	天津	河北	辽宁	上海	江苏	浙江	福建	山东	广东
2005	-0.409*	-0.423*	-0.339	-0.446*	-0.395	-0.403	-0.368*	-0.363*	-0.396*	-0.367*
2010	-0.886*	-0.902*	-0.855*	-0.953	-0.871*	-0.882*	-0.832*	-0.813*	-0.859*	-0.809*
2015	-2.201*	-2.216*	-1.862*	-1.729*	-1.726*	-1.789*	-1.701*	-1.693*	-1.751*	-1.728*
年份	海南	山西	吉林	黑龙江	安徽	江西	河南	湖北	湖南	四川
2005	-0.351	-0.448*	-0.443*	-0.439	-0.387	-0.379*	-0.403*	-0.406*	-0.381*	-0.401*
2010	-0.787*	-0.951*	-0.949*	-0.946*	-0.839*	-0.828*	-0.857*	-0.861*	-0.819*	-0.835*
2015	-1.719*	-1.969*	-1.728*	-1.732*	-1.756*	-1.701*	-1.763*	-1.785*	-1.767*	-2.002*
年份	重庆	陕西	宁夏	内蒙古	甘肃	青海	新疆	贵州	云南	广西
2005	-0.393	-0.389*	-0.438*	-0.441*	-0.437*	-0.445*	-0.447*	-0.392*	-0.378	-0.365
2010	-0.843*	-0.856*	-0.886*	-0.932*	-0.931*	-0.916*	-0.937*	-0.853*	-0.862*	-0.827*
2015	-2.027*	-1.971*	-1.956*	-1.923*	-1.958*	-1.962*	-1.982*	-1.897*	-2.012*	-1.791*

注：* 表示在 5% 水平显著。

表 9-6　　2005 年、2010 年、2015 年产业协调发展回归系数空间分布

年份	北京	天津	河北	辽宁	上海	江苏	浙江	福建	山东	广东
2005	0.158*	0.241*	0.242	0.196*	0.167	0.203*	0.249*	0.253*	0.221*	0.255
2010	0.529*	0.532*	0.589*	0.512*	0.503*	0.509*	0.506	0.503	0.529*	0.518*
2015	1.159	1.165*	1.183*	1.155*	1.131	1.141	1.135*	1.138*	1.177*	1.182
年份	海南	山西	吉林	黑龙江	安徽	江西	河南	湖北	湖南	四川
2005	0.276	0.253*	0.211*	0.235*	0.243*	0.276*	0.265*	0.267	0.275*	0.283*
2010	0.537*	0.635*	0.515*	0.505*	0.536*	0.517*	0.586*	0.535*	0.531	0.611*
2015	1.161*	1.465	1.158*	1.156*	1.149*	1.153*	1.298*	1.355*	1.357*	1.413

续表

年份	重庆	陕西	宁夏	内蒙古	甘肃	青海	新疆	贵州	云南	广西
2005	0.285*	0.271*	0.276*	0.251*	0.293*	0.287*	0.295*	0.288*	0.291*	0.294*
2010	0.594	0.601*	0.623*	0.639*	0.609*	0.617	0.621*	0.592*	0.588*	0.635*
2015	1.451*	1.469*	1.459*	1.463*	1.434*	1.417*	1.464*	1.377	1.386*	1.372

注：*表示在5%水平显著。

表9-7 2005年、2010年、2015年城乡协调发展回归系数空间分布

年份	北京	天津	河北	辽宁	上海	江苏	浙江	福建	山东	广东
2005	0.392	0.431*	0.441*	0.355*	0.438*	0.389*	0.443*	0.475*	0.396*	0.478*
2010	0.267*	0.258*	0.186*	0.169*	0.253*	0.266*	0.278*	0.289*	0.257*	0.303*
2015	0.191*	0.189*	0.178*	0.153*	0.221*	0.232	0.251*	0.255*	0.219	0.258*
年份	海南	山西	吉林	黑龙江	安徽	江西	河南	湖北	湖南	四川
2005	0.481*	0.449*	0.347*	0.358*	0.451*	0.466*	0.476*	0.454*	0.459	0.529*
2010	0.352*	0.268*	0.171*	0.169*	0.275*	0.286*	0.293*	0.291*	0.288*	0.397*
2015	0.246*	0.133*	0.149*	0.097*	0.218*	0.247*	0.236*	0.235*	0.251*	0.226*
年份	重庆	陕西	宁夏	内蒙古	甘肃	青海	新疆	贵州	云南	广西
2005	0.518*	0.469*	0.453*	0.363*	0.455*	0.478*	0.515*	0.483*	0.499*	0.487*
2010	0.367*	0.301*	0.299*	0.182*	0.372	0.306*	0.420*	0.417*	0.418*	0.416*
2015	0.235*	0.240*	0.126*	0.143*	0.229*	0.151	0.182	0.216*	0.223*	0.243*

注：*表示在5%水平显著。

表9-8 2005年、2010年、2015年绿色发展回归系数空间分布

年份	北京	天津	河北	辽宁	上海	江苏	浙江	福建	山东	广东
2005	0.399*	0.373	0.421*	0.363*	0.358*	0.365*	0.359*	0.364*	0.396369*	0.365*
2010	0.163*	0.179*	0.185*	0.115*	0.196*	0.168*	0.198*	0.211*	0.155*	0.226*
2015	-0.292*	-0.285*	-0.166*	-0.279*	-0.149*	-0.172*	-0.151*	-0.123*	-0.186	-0.126*
年份	海南	山西	吉林	黑龙江	安徽	江西	河南	湖北	湖南	四川
2005	0.371*	0.430*	0.359*	0.358*	0.366*	0.361*	0.371*	0.368*	0.370*	0.389*
2010	0.218*	0.181*	0.126*	0.117*	0.189*	0.229*	0.197*	0.207*	0.239*	0.227*
2015	-0.114	-0.306*	-0.268*	-0.271*	-0.175*	-0.138*	-0.182*	-0.169*	-0.132*	-0.168*

续表

年份	重庆	陕西	宁夏	内蒙古	甘肃	青海	新疆	贵州	云南	广西
2005	0.378*	0.392*	0.399*	0.415*	0.398*	0.385*	0.411*	0.386*	0.391*	0.372*
2010	0.213*	0.206*	0.185	0.167*	0.203*	0.202*	0.212*	0.229*	0.223*	0.231*
2015	-0.177*	-0.151*	-0.213*	-0.258*	-0.221*	-0.236*	-0.265*	-0.163*	-0.162*	-0.129*

注：*表示在5%水平显著。

表9-9　　2005年、2010年、2015年开放发展回归系数空间分布

年份	北京	天津	河北	辽宁	上海	江苏	浙江	福建	山东	广东
2005	0.672*	0.671*	0.656*	0.668*	0.722*	0.733*	0.732*	0.735*	0.721*	0.743*
2010	0.559*	0.558*	0.555*	0.556*	0.569*	0.567*	0.577*	0.575*	0.566*	0.602*
2015	0.017*	0.015*	0.012	0.011*	0.043*	0.039*	0.058*	0.055*	0.037*	0.090*
年份	海南	山西	吉林	黑龙江	安徽	江西	河南	湖北	湖南	四川
2005	0.67	0.632*	0.651*	0.657*	0.673*	0.678*	0.693*	0.696*	0.688*	0.697*
2010	0.601*	0.555*	0.554*	0.556	0.559*	0.561*	0.563*	0.562*	0.560*	0.565*
2015	0.058*	0.006*	0.008*	0.010*	0.026*	0.032*	0.031*	0.037*	0.033*	0.035*
年份	重庆	陕西	宁夏	内蒙古	甘肃	青海	新疆	贵州	云南	广西
2005	0.701*	0.695*	0.673*	0.636*	0.622*	0.672	0.635*	0.675*	0.699	0.726
2010	0.568*	0.562*	0.559*	0.557*	0.554*	0.556*	0.558*	0.569*	0.572*	0.599*
2015	0.039	0.028*	0.017*	0.007*	0.005*	0.003*	0.008*	0.043*	0.048*	0.046*

注：*表示在5%水平显著。

表9-10　　2005年、2010年、2015年共享发展回归系数空间分布

年份	北京	天津	河北	辽宁	上海	江苏	浙江	福建	山东	广东
2005	1.413	1.506*	1.493*	1.438*	1.322*	1.335*	1.293*	1.256*	1.399*	1.231*
2010	1.822*	1.863*	1.902*	1.916*	1.791*	1.803*	1.766*	1.731*	1.932*	1.729*
2015	1.986*	1.960*	1.967*	1.979*	1.927*	1.945*	1.926*	1.928*	1.972*	1.943*
年份	海南	山西	吉林	黑龙江	安徽	江西	河南	湖北	湖南	四川
2005	1.237*	1.509*	1.501*	1.496*	1.357*	1.319*	1.362*	1.365*	1.227*	1.320*
2010	1.755*	1.934*	1.909*	1.898*	1.811*	1.769*	1.809*	1.782*	1.789*	1.766*
2015	1.983	2.121*	1.983*	2.005*	1.958*	1.953*	1.968*	1.971*	1.973*	1.999*

续表

年份	重庆	陕西	宁夏	内蒙古	甘肃	青海	新疆	贵州	云南	广西
2005	1.299*	1.382*	1.377*	1.517*	1.375*	1.369*	1.373*	1.314	1.289*	1.276*
2010	1.775*	1.814*	1.812*	1.948*	1.790	1.763*	1.765*	1.757*	1.751*	1.758*
2015	2.106*	2.232*	2.189*	2.223*	2.177*	2.201*	2.198*	2.226*	2.263*	2.260*

注：*表示在5%水平显著。

（一）创新发展对能源消费影响的时空分异

创新发展对能源消费的影响为负相关，表明创新发展能够推动能源消费的下降。从回归系数的空间分布来看（见表9-5），系数绝对值高值区域集中在西北及东北地区，创新对能源消费影响较小的省份集中在华南地区。2010年创新发展对能源消费的回归系数为［-0.953，-0.786］，表明创新发展仍然是节能的主要推手，而且与2005年相比影响程度有所增强。2015年创新发展对能源消费的回归系数为［-2.201，-1.692］，节能降耗的效应在不断提升；从空间分布来看，系数绝对值高值区域呈现从北方地区向西南地区转移的趋势，高值区域包括西北和西南地区，低值区域主要是东南沿海地区。

总体来说，创新发展对能源消费的影响显著为负，表明新技术的应用能够提高能源利用效率，减少能源消费；且随着时间的推移，创新发展对能源消费影响程度正在逐渐增强。从回归系数的空间分布来看，创新发展对能源消费的影响具有从北向南逐渐减弱的趋势，呈现出“北方高、南方低”的特征；造成这种空间差异可能是因为，虽然南方科技水平较高，但人均能源消费基数较小，创新发展对能源消费的影响程度并不明显；而北方重工业发达，东北老工业基地、京津冀、环渤海经济圈重工业企业密集，能源消费基数较大，因而创新发展对能源消费的影响程度较为明显。

（二）产业协调发展对能源消费影响的时空分异

2005年产业协调发展对能源消费的回归系数为［0.157，0.295］，产业协调发展对能源消费具有拉动效应。从回归系数的空间分布来看（见表9-6），影响较大的区域集中在西北和西南地区，对东北和东南地区影响较小。2010年产业协调发展对能源消费的回归系数为［0.502，0.638］，与2005年相比大幅增加，影响程度有所提高；从系数的空间分布来看，对西北、西南、华北等地区影响较大，影响范围明显扩大。2015年产业协调发展对能源消费的回归系数为［1.129，1.465］，其空间分布与2010年相比并无明显变化，但影响程度进一步提高。

可见，2005～2015年产业协调发展在降低能源消费的作用上并不明显，产业结构合理化和产业结构高级化的发展质量并不高，没有达到理论上的预期。从系数的空间分布来看，产业协调发展对能源消费影响较大的省份集中在西北和西南地区，影响较小的省份集中在东北和东南地区；随着时间的推移，影响较大的省份向华北地区转移，且高值区域逐渐增多。其主要原因可能在于，东部地区新一轮的产业结构调整将高能耗的制造业向西部地区转移，导致西部地区制造业仍以高耗能制造业为主，东部地区尤其是东南沿海逐渐向低能耗的高端制造业发展；这表明，西部地区通过产业结构调整降低能源消费的潜力要大于东部地区，不同区域在调整产业结构的具体政策上有所差异。

（三）城乡协调发展对能源消费影响的时空分异

城乡协调发展对能源消费影响较大的省份集中在西北和西南地区，影响较小的省份集中在东北和华北地区。2010年城乡协调发展对能源消费的回归系数为［0.159，0.419］，城乡协调发展对能源消费的影响呈现正相关，回归系数相比2005年有所下降，但从系数的空间分布上看（见表9－7），呈现“西部高、东部低”的特点。2015年城乡协调发展对能源消费的回归系数为［0.097，0.258］，与2005年和2010年相比，城乡协调发展对能源消费的影响在空间分布上发生了明显变化，南方影响程度较大，北方影响程度较小。

从总体上来看，中国城乡协调发展水平对能源消费的影响呈现正相关，但正相关程度呈现出下降的趋势。城乡协调发展是生产要素由能源消费较低的农业向能源消费较高的工业转移的过程；在城镇化进程中，大量的基础设施建设需要消费能源，而且城镇居民对能源使用的多样化决定了城镇居民人均能源消费量要高于农村居民，因此，这种正向相关关系与实际吻合。影响系数的下降说明城镇化对能源消费的影响程度在减弱，一方面，在经过十几年的快速发展后，城镇化的速度在降低；另一方面，城镇化进程也正在由量的扩张向质的提升转变。随着生活水平的不断提高，城镇居民利用能源的类型和结构也在发生着较大的变化，目前大部分城镇居民生活用能偏向于电力等清洁能源，对煤炭的使用大幅下降。

（四）绿色发展对能源消费影响的时空分异

绿色发展改变的程度不够显著，对能源消费的空间异质化影响明显。2005 年绿色发展的回归系数为 [0.357, 0.430]，表明绿色发展对能源消费具有正向影响，即随着煤炭消费所占比重提高，能源消费量也不断增加。从系数的空间分布来看（见表 9-8），除东北以外，绿色发展对能源消费量的影响都比较大，呈现出“西部高、东部低”的特征。2010 年与 2005 年相比，绿色发展的影响程度减弱，系数值高的区域向西南方向转移。2015 年绿色发展的回归系数为 [-0.306, -0.114]，对能源消费的影响程度为负。

比较回归系数可以发现，绿色发展对能源消费的正向作用逐渐减弱，并在 2015 年回归系数转为负数；表明绿色发展正在逐渐成为推动能源消费量减少的主要因素。从回归系数空间分布来看，绿色发展对能源消费量影响较大的区域集中在西北、华北、东北和西南等地区，影响较弱的区域集中在东南沿海地区。这表明，西北、华北、东北和西南等地区通过绿色发展提升节能的成效要大于东南沿海地区，可见，北方和西部地区仍然对煤炭消耗过于依赖，其绿色发展还有较大的上升空间。

（五）开放发展对能源消费影响的时空分异

东南沿海地区开放发展水平较高，对能源消费的影响较大；内陆地区开放发展的水平较低，对能源消费的影响较小。2005 年开放发展水平对能源消费的回归系数为 [0.622, 0.743]，对能源消费的影响为正，这是因为中国主要对外出口电子、机械、服装等产品，开放发展水平越高会导致出口贸易规模扩大越快，进而带动能源消费大幅增加。从回归系数空间分布来看（见表 9-9），2005~2015 年开放发展水平对能源消费影响的空间格局基本稳定，影响较大的省份集中在东南沿海地区，影响较小的省份集中在西北和东北地区；随着时间的推移，开放发展水平对能源消费的影响程度在下降。

开放发展水平对能源消费具有正向的影响，表明开放发展水平越高的省份对能源消费的影响程度越大。江苏、浙江、福建、广东等作为中国出口贸易的高集聚区，出口产品规模远远大于东北和西北等对外开放程度较低的地区，因而对能源消费的影响程度相应也较高。开放发展水平对能源消费影响逐渐减小的原因可能有两方面：一方面，受贸易保护主义影响导致出口规模下降；另一方面，经济发展新常态下经济结构转型升级带来出口产品结构的变化，中国对外出口产品正在由初级产品和中低端制造业产品向高端制造业产品转变，智能手机、通信设备正在成为中国出口的新名片，开放发展质量正在逐步提升。

（六）共享发展对能源消费影响的时空分异

经济欠发达地区共享发展水平较低，能源消费强度偏高；经济发达地区共享发展水平较高，能源消费强度偏低。2005 年共享发展对能源消费的回归系数为［1.229，1.517］，表明共享发展与能源消费呈正相关，对能源消费有拉动作用。从回归系数的空间分布来看（见表 9 - 10），共享发展对东北地区能源消费影响较大，对西南和东南地区能源消费影响相对较小。2010 年的空间分布与 2005 年相比，共享发展对西北地区的能源消费影响在下降。2015 年共享发展对能源消费的回归系数为［1.926，2.272］，回归系数持续增加，且影响较大的范围几乎扩大到除西藏和东南沿海以外的所有区域。

我国共享发展对能源消费的影响具有明显的空间差异，西部地区经历了先下降再上升的变化过程，东北地区始终位于高位区间，东部和中部地区基本保持不变，这可能与不同区域所处的发展阶段和追求的发展目标有关。西部地区整体欠发达，经济增长的目标是要赶超中部和东部地区；数据表明，同期西部地区的经济增长速度要高于中东部地区，能源消费强度也相应地要高于中部和东部地区；由于西部地区经济发展对资源型企业较为依赖，因此，未来在追求经济增速不降低的情况下，西部地区的人均能源消费和能源消费强度仍然会处于高位水平。东北地区是老工业基地，重工业占比高规模大；由于转型慢且转型不彻底导致经济增长始终没有摆脱对重工业的依赖，因此，东北地区能源消费强度一直处于高位。东部地区经济发展水平整体较高，经济发展由追求速度向高质量转变，虽然经济体量在不断扩大，但是发展方式向低能耗模式转变速度较快且比较彻底，因而对能源消费影响的规模效应和结构效应基本相抵，能源消费强度基本不变。

第五篇

结　　语

目前关于经济高质量发展问题的研究，主要集中在经济高质量发展内涵、指标体系的构建、测算分析等方面；对中国经济高质量发展驱动因素的分析、重点区域和重要领域经济高质量发展的总体综合研究较少，而且比较零散，没有形成理论体系。本书所做的主要工作就是将我国整体经济高质量发展、经济高质量发展驱动因素分析以及重点区域、重要领域的经济高质量发展研究整合在一起，对我国经济高质量发展全面、系统地进行研究。

本篇作为本书的结语部分，主要研究两方面问题：一方面是对经济高质量发展长效机制的研究，探讨经济高质量发展需要把握的重大关系，并提出建立长效机制；另一方面是对基于新发展理念的经济高质量发展研究中得到的结论进行归纳总结，并提出相应的对策建议。

第十章　经济高质量发展长效机制研究

党的十八大以来，在以习近平同志为核心的党中央坚强领导下，我国经济实现了由高速增长向中高速增长的平稳换挡，经济结构持续优化，质量效益不断提高。推动经济高质量发展是做好当前经济工作的根本要求。但要看到，推动经济高质量发展是一个长期过程，贯穿于我国社会主义现代化强国建设的全过程，需要久久为功，做好打持久战的准备。因此，研究经济高质量发展的长效机制尤为重要。本章主要研究两个问题：一是经济高质量发展需要把握的重大关系；二是经济高质量发展的长效机制，通过建立健全长效机制，推动经济高质量持续发展。

第一节　经济高质量发展需要把握的重大关系

一、重点突破与系统统筹之间的关系

“不谋全局者，不足以谋一域；不谋万世者，不足以谋一时。”当前，我国发展环境面临深刻复杂的变化，发展不平衡不充分问题仍然突出，实现经济高质量发展、推动全面深化改革向纵深发展、统筹应对内外环境变化，必须遵循系统观念的内在规律与实践要求，将系统观念贯穿经济社会发展全过程、各领域。系统观念以系统思维为出发点，立足整体视域把握事物发展规律、通过系统思维分析事物内在机理、运用系统方法处理事物发展矛盾，这一科学的思想和工作方法，贯穿中国共产党领导革命、建设和改革全过程。坚持系统观念是实现经济高质量发展的客观要求，是解决我国社会主要矛盾、实现高质量发展的题中应有之义，是推进全面深化改革的内在需要。坚持系统性，实现重点突破与系统推进相统一。在经济社会发展中，既要坚持全面

系统的观点，又要抓住关键，在整体推进基础上抓主要矛盾和矛盾的主要方面，以重要领域和关键环节的突破带动全局，实现全局和局部相配套、治本和治标相结合、渐进和突破相衔接。

二、重点区域发展规模与资源环境承载之间的关系

当前，我国经济发展的空间结构正在发生深刻变化，中心城市和城市群逐渐成为承载发展要素的主要空间形式，我们必须适应新形势，谋划重点区域发展新思路。总体来看，我国重点区域发展形势良好，但同时也出现了一些值得关注的新情况、新问题：一是区域经济发展分化态势明显，长三角、珠三角等地区已初步走上高质量发展轨道，一些北方省份增长放缓，全国经济重心进一步南移；二是发展动力极化现象日益突出，经济和人口向大城市及城市群集聚的趋势比较明显。在新发展理念下，我们应强化重点地区发展，提升区域的整体竞争力和优势；此外，应协调好重点开发区域、城市群地区的发展规模与资源环境承载之间的关系。优化区域开发结构、促进产业结构升级、提高创新能力，是缓解重点区域生态环境约束的有效途径。优化资源开发利用模式、提高资源利用效率、建立科学的生态环境安全格局，是提高重点区域资源环境承载的关键任务。加强国土开发的适应性评价，为开发规模和开发方式选择提供科学依据；加强生态红线、永久基本农田、城市开发边界、资源利用上线、环境质量底线管理等一系列基础工作，确立合理的承载能力和开发格局。

三、短期增长与长期发展之间的关系

从长期来看，经济高质量发展要通过质量变革、效率变革、动力变革，提高全要素生产率，着力加快实体经济、科技创新、现代金融、人力资源协同发展的现代产业体系，实现社会主义现代化，建设现代化强国。从短期来看，推动经济高质量发展又面临着实体经济供需失衡，实体经济与虚拟经济失衡，环境污染严重，生态系统退化，人民群众对良好生态环境的需求不能满足，城乡、区域发展差距和居民收入分配差距仍然较大等问题。因此，在推进经济高质量发展过程中，必须正确处理好短期与长期的关系，保持区域经济重大关系协调、循环顺畅地发展，有针对性地解决突出问题，把当前防

范化解金融风险、社会稳定风险放在首位，守住不发生系统性金融风险的底线，打好“三大攻坚战”，为经济高质量发展营造良好的经济社会秩序和环境。

第二节　经济高质量发展的长效机制

一、打造科技创新助推高质量发展的高效机制

“十四五”规划建议中提出，要坚持创新驱动发展，全面塑造发展新优势。在推动经济高质量发展的进程中，要加快推进科技体制改革，完善科技创新体制机制，进一步激发市场活力动力，推动经济发展质量变革、效率变革和动力变革；为探索推动经济高质量发展的新模式、新路径、新动力打下坚实的科技创新制度基础。

在打造科技创新助推高质量发展的高效机制方面，我们需形成科技创新助推高质量发展的高效推力。一方面，通过创新绿色循环发展为科技创新提供发动引擎的推动机制。科技创新纳入服务和支撑绿色发展，充分发挥多学科交叉的融合助推作用，瞄准绿色发展的目标和科技创新的突破口；抓牢以绿色循环发展为基础的科技创新引擎，形成良好的推动机制，扎实推进以绿色经济和低碳技术为基础应用的新兴产业发展路径。另一方面，以全球视野谋划和促进科技创新推动高质量发展的完善机制。科学技术是具有世界性和时代性的，面对世界科技创新发展的新形势，发展科学技术应从全球视野谋划，并在此基础上促进科技创新推动高质量发展的完善机制，切实把握时代脉搏，紧抓科技创新自主权，真正掌握科技创新的主动权和未来的话语权。

二、建立更加有效的区域协调发展新机制

实施区域协调发展战略是新时代国家重大战略之一，是贯彻新发展理念、建设现代化经济体系的重要组成部分。要准确把握建立区域协调发展新机制的总体要求，坚持新发展理念，完善区域政策和空间布局，发挥各地区的比较优势，增强中心城市和城市群等经济发展优势区域的经济和人口承载能力。建立健全竞争有序、绿色协调、共享共赢的区域协调发展新机制；加快形成

优势互补、高质量发展的区域经济布局。在建立更加有效的区域协调发展新机制的过程中，着力建立区域统筹发展机制。深入实施国家区域战略，积极融入国家区域发展大局，认真实施京津冀协同发展、长江经济带发展、粤港澳大湾区建设、长三角一体化发展等国家重大区域战略；坚持“共抓大保护、不搞大开发”，推进沿江产业结构布局优化和产业转型升级，建立生态环境保护硬约束机制；沿黄河各地区要从实际出发，积极探索富有地域特色的高质量发展新路子，推动黄河流域经济高质量发展。

三、强化绿色发展的依法治理，建立健全生态补偿机制

生态补偿机制是以保护生态环境、促进人与自然和谐为目的，根据生态系统服务价值、生态保护成本、发展机会成本，综合运用行政和市场手段，调整生态环境保护和建设相关各方之间利益关系的一种制度安排。要重点关注自然保护区的生态补偿、重要生态功能区的生态补偿、矿产资源开发的生态补偿和流域水环境保护的生态补偿，形成促进生态文明建设的长效机制。要把生态保护和绿色发展作为高质量发展的前提，处理好产业项目和环保的关系，防范化解环境风险，确保生态环境质量只能更好、不能变差；严格执行生态环境保护制度。

要加大绿色发展的宣传力度，提高全社会保护生态环境的意识，把发展绿色经济的社会共识转变成法律意志。健全绿色发展、清洁生产和消费、资源综合利用等地方性法规，完善各种自然资源开发生态影响评价体系；建立健全从源头、过程到结果治理生态环境问题的相关法制。将资源环境核算纳入科学发展评价体系，对生态建设、环境保护、资源节约、绿色产业和低碳消费等目标进行细化和量化，定期监测、评价和公布绿色发展绩效。建立政府部门与公众、企业有效沟通的协调机制，切实保障公众环境知情权、参与权和监督权，营造绿色发展的舆论氛围。

四、构建开放的国际合作发展机制

以扩大高水平对外开放推动经济高质量发展，需要在对外开放体制机制的完善上下功夫，为提高开放水平打下坚实的制度基础。“十四五”规划建议中提出，要推动共建“一带一路”高质量发展，“一带一路”是我国提出

的不同于欧美模式的经济全球化道路，是一个开放的国际合作发展机制。随着“一带一路”建设的深入推进，进一步加强“一带一路”宽领域、多层次的发展与合作机制建设，显得尤为迫切。在这一过程中，要秉持开放性、渐进性理念和正确义利观，紧紧围绕基础设施建设和产能合作等重点加强机制建设，切实解决关键问题，进一步提升凝聚力和影响力，推动共建“一带一路”高质量发展。这包括从注重政策沟通转向政策落地，建立贸易和投资等合作机制，使参与国家和地区实实在在地融入世界经济；从基础设施建设转向兼顾新经济，扩大跨国电子商务、信息网络、数字经济建设，使参与国家和地区更快捷地享受技术进步带来的利益；从注重贸易往来转向生产价值链合作，使参与国家和地区在生产、贸易和投资等方面融为一体，实现多赢。坚持以“一带一路”建设为重点，推动国际合作模式创新，推动全球经济治理体系向着更加公正合理、包容普惠的方向发展，为构建人类命运共同体作出更大贡献，使各国人民更好地共享经济全球化和世界经济发展成果。

五、以共建共享为原则，完善制度保障机制

“共享”是中国特色社会主义的本质要求，共享发展的目标就是通过全体人民的共同努力，使发展成果惠及每个个体，每个人平等地享有发展进步的机会，减少因外部环境带来的个人发展机会的不平等，使人人真正站在同一起跑线上，使后富的人、未富的人真正富起来，最终实现共同富裕。

社会主义共享发展需要在制度和法律层面予以保障和支持，使共享发展制度化、法治化，充分利用制度进行规范与约束。完善共享发展的制度保障机制要做到以下三点。一是建立并完善我国的社会保障制度。逐步实现全社会的覆盖，促进多层次社会保障体系发展是完善我国社会保障制度的重要方向。二是完善医疗卫生制度。实现资源的合理配置，确保每个人都能享受到政府的医疗服务是完善医疗卫生制度的重要内容。三是提供公平发展的机会和权利。教育、就业关系到每个人的生存与发展权，公平地保障人民群众的受教育权、就业权，是促进人的自我适应、自我发展能力的关键点。为此，要提高教育质量，推动义务教育均衡发展，普及高中阶段教育，逐步分类推进中等职业教育免除学杂费，率先从建档立卡的家庭经济困难学生实施普通高中免除学杂费，实现家庭经济困难学生资助的全覆盖。

第十一章　结论与建议

本书从新时代经济高质量发展的新发展理念出发，在以往学者研究的基础上探讨经济高质量发展的内涵，分析经济高质量发展的驱动因素；构建了针对整体、长江经济带、黄河流域、东北地区和中国能源经济高质量发展的评价指标体系；采用熵权－TOPSIS 法对经济高质量发展进行测度；根据测度结果对我国整体经济高质量发展水平、长江经济带、黄河流域、东北地区和中国能源高质量发展水平，从综合以及五大维度方面进行时空特征的分析；在构建经济高质量发展背景下能源消费理论分析框架的基础上，测度分析了不同区域能源消费的空间相关性和空间异质性；并探究经济高质量发展的推进路径。根据前述分析得出本书的结论，并提出一些建议。

第一节　结论

本书在构建我国整体经济高质量发展评价指标体系、重点区域与重点领域经济高质量发展评价指标体系的基础上，对经济高质量发展水平进行测度；根据测度结果对经济高质量发展水平及各个维度水平进行时间以及空间相关性、空间集聚性等时空特征分析，同时运用空间面板模型对经济高质量发展的驱动因素进行分析。得到的结论主要如下。

第一，经济高质量发展是由创新发展、协调发展、绿色发展、开放发展和共享发展构成的有机体系。基于对我国经济高质量发展水平的测度结果进行特征分析，从各个维度方面来看，我国绿色发展最好，其次是协调发展，再次是共享发展，最后是开放发展、创新发展；从各个地区来看，东部地区在各个方面都处于领先地位，其次是中部地区和西部地区；从时空特征来看，我国经济高质量发展呈现出东部地区“高—高”集聚，西部地区“低—低”

集聚的分布特征；综合来看，中国经济高质量发展水平整体呈现为由东部地区向西部地区逐步降低，表现出较为明显的“东高、中平、西低”的区域分布格局。

第二，基于经济高质量发展的丰富内涵，分别以发展动力、发展结构和发展效率对我国经济高质量发展的影响进行理论分析，结果表明，经济高质量发展水平取决于地区的地理环境和地形特征等多个方面，三大驱动因素的影响效应与地区所处的地理位置、发展水平和特色产业等有关。其中，发展动力主要通过创新途径影响经济高质量发展，可能在东部临海地区或者经济发展水平较好的地区具有比较明显的积极影响效应；发展结构主要表现在协调发展方面，可能在中西部等工业发展较好但经济发展具有集中性地区的影响效应相对明显；发展效率主要通过共享和绿色两个方面影响经济高质量发展，可能在西北等基础设施欠缺且贫富差距较大和中部工业、制造业较集中地区的影响效应比较显著。中国经济高质量发展水平整体呈现出波动上升的趋势，但增长速度不大，具有东部地区“高—高”集聚，西部地区“低—低”集聚的分布特征，邻近省份空间相关性较强。

第三，长江经济带高质量发展水平从总体来看呈上升的趋势，但仍处于较低的水平，且各区域间存在较强的异质性。从五大维度来看，协调发展和绿色发展是促进长江中、上游区域经济发展的重要驱动因素，而下游区域从创新、协调、绿色、开放、共享五大方面全方位促进长江经济带的发展。从上、中、下游区域来看，三大区域经济发展水平均呈缓慢上升的趋势，但经济发展仍然不充分不平衡，大致呈现“下游高、中游平、上游低”的空间分布，下游高质量发展水平遥遥领先于中上游区域。

第四，黄河流域高质量发展水平不足，五大子系统中社会民生水平最高，民生改善效果较为出色，而文化建设较差，居民享有文化资源不足，文化产业发展水平较低。黄河流域各地区高质量发展差异明显，整体上呈现出“上游较低、中游一般、下游较高”的阶梯状空间分布格局。上、中、下游地区高质量发展的薄弱环节不同，上游地区绿色发展能力较低，中游文化建设水平落后，下游地区生态安全问题突出。同时，各地区内部差异反映出上游地区各省份社会民生水平差异较小，经济发展水平差异较为明显；中游地区各省份社会民生水平差异较小，在文化建设方面存在较大差异；下游地区各省份经济发展水平差异较大，而文化建设差异较小。

第五，东北地区高质量发展水平不高，从总体来看呈现平稳态势，五大维度中，创新发展和协调发展水平相对较高。东北地区高质量发展水平各区域有明显的差异性，整体呈现出“辽宁省 > 东北地区 > 黑龙江省 > 吉林省”的分布格局；从五大维度来看，辽宁省协调发展水平较低，其他维度发展水平均排在首位；吉林省共享发展水平相对较高，其他维度发展水平均排在末位；黑龙江省协调发展水平最高，且在样本期内大幅度上升，其共享发展水平最低，在样本期内有大幅度下降，其他维度发展水平均处在中间位置。

第六，我国能源高质量发展综合水平整体良好，但不同省份之间又存在较为明显的空间差异，表现为由东部地区向中西部地区逐步降低的趋势，呈现出“东高、中西低”区域分布格局。从清洁低碳指标水平来看，我国不同省份之间清洁低碳指标水平差异较小，东部地区整体上能源清洁低碳指标水平高于中西部地区，西部地区能源清洁低碳发展水平与中部地区发展水平较为落后；从经济高效指标水平来看，我国经济高效指标水平整体表现较差，表现为东部地区整体上能源经济高效发展水平高于中西部地区，中部地区能源高效发展水平高于西部地区；从安全可靠指标水平来看，我国能源安全可靠指标发展水平较低，不同省份之间存在明显的空间差异，表现为由西部地区向中、东部地区逐步降低，呈现出“西高、中平、东低”的区域分布格局。

第七，在经济高质量发展背景下，能源消费的变化方向和程度取决于区域所处的发展阶段和发展水平。中国人均能源消费水平和能源消费结构呈现出北方“高—高”集聚，南方“低—低”集聚的分布特征，邻近省份空间相关性较强，空间联系的紧密程度在提升；不同区域产业协调发展对能源消费的影响存在着显著的时空差异。产业协调发展对能源消费影响较大的区域是西南地区和西北地区，影响较小的区域是东北地区和东南沿海地区；且随着时间的推移，影响较大的区域向华北地区转移，西南地区、西北地区和华北地区逐渐形成连片的特征。

第二节 建议

经济高质量发展包含的内容丰富、关系复杂，因此，在新发展阶段和新发展格局下，促进我国经济高质量发展需要以新发展理念为指导，统筹考虑国民经济发展的全过程、各环节，基于此，主要提出如下建议。

一、以基础研究为主要抓手推动创新发展

创新是引领发展的第一动力，是建设现代化经济体系的战略支撑。基础研究是创新驱动发展的先导、科技创新的源头，在实现我国经济高质量发展中具有重要的引领作用。因此，要瞄准世界科技前沿，强化基础研究，实现前瞻性基础研究、引领性原创成果重大突破。要提升企业技术创新能力，着力提升原始创新能力，积极参与基础研究、应用基础研究和前沿高技术研究等；促进企业创新意识尤其是原始创新意识的觉醒，鼓励企业参与前沿、原创的基础研究，加大基础研究投入，提升企业在基础研究领域的贡献率，形成全域性科技研发格局。此外，应激发人才创新活力，凸显高校的主力作用。要从战略高度充分认识加强高校科技创新工作的重要性，鼓励高校科研工作者长期稳定深耕，强化基础科学研究，开创新的学科和新的研究方向，实现科技领域的“重大突破”或“填补空白”，弥补基础科学研究的不足。把发现、培养具有创新意识、创新能力和创新品质的青年人才作为一项重要责任，培养创新人才，夯实创新发展的重要根基。

二、以区域跨界治理为联动模式推动协调发展

长江经济带是我国重要的生态保护屏障，应在“共抓大保护，不搞大开发”的前提下，因地制宜地突出各个省份的发展优势与建设重点，促进上、中、下游区域的差异化协同发展。下游区域是长江经济带创新能力最强、开放程度最高、最具经济发展活力的地区，经济高质量发展的方向应以高新技术产业为重点，积极扩大对外开放水平和质量。中游区域应通过发挥中游城市群资源集聚、产业辐射效应，不断优化中游区域产业布局。上游区域应重点发展服务业、对外贸易及互联网等高新技术产业，将其打造成我国与东亚、东南亚和南亚的联通枢纽。

黄河流域经济高质量发展作为我国区域经济协调发展的重要组成部分，探索其可持续发展模式与机制，对加快我国生态文明建设，缩小南北经济差距，实现中华民族伟大复兴具有非常重要的意义。由于黄河流域各省份在地理条件、社会经济发展水平、基础设施建设完善程度、资源禀赋水平以及国内分工等方面存在着差异，因此，黄河流域整体与内部各省份需要综合考虑

地区不同的定位与特点等因素，以制定适合于本区域的高质量发展对策。上游地区应重点提高绿色发展水平，降低本地区发展代价，以降低污染、减少排放为重点。中游地区应在做好水土保持工作的基础上，合理布局战略性新兴产业，打造绿色发展示范区。下游地区生态安全水平较低，应重点提升地区生态环境建设水平，加大污染治理投资，控制高污染行业发展，完善居民区生态建设总量。

东北地区是我国区域发展战略的重要组成部分，由于东北地区传统产业以重工业为主，生态环境遭到很大破坏；经济主体是资源型国企，经济发展一直受到束缚，且长期以来存在体制机制矛盾。因此，东北地区要加大环境保护力度，增加环保支出、加大环保监管力度；要从思想上打破体制性束缚，树立竞争意识、创新意识、人才意识等；通过加强区域合作，大力发挥辽宁省地理优势，面向国际市场，搭建面向东北亚地区的区域合作平台，积极引进外资和技术，转换新旧动能，大力培育发展创新型产业，促进企业成为市场经济的主体；尤其是吉林省和黑龙江省要加强与辽宁省合作，提升自身对外开放水平和创新法治水平；缩小城乡差距，使发展成果惠及人民。

三、以完善能源定价机制为改革方向推动绿色发展

在能源供求矛盾日益突出、生态环境问题日益严重的形势下，建立与生态环境质量联动的能源资源定价体系，对于推动我国的绿色发展具有重要的理论和现实意义。不可持续的发展模式是“能源→生态环境的主动作用关系和方向”，主要表现为经济系统需要多少能源，就向能源系统索取多少能源，同时就向生态环境系统排放相应量的污染物。可持续的发展模式是“生态环境→能源的约束作用关系和方向”，主要表现为在维持一定生态环境质量水平的条件下，确定能源资源的使用量，进而确定相应的经济总量和经济增长速度。显然，要实现可持续的发展战略，就必须走可持续的发展模式。为保证可持续发展目标的实现，在对能源资源进行定价时，应考虑生态环境的约束，应保持与生态环境质量之间的动态联系。

四、以双循环战略为重要依据推动开放发展

开放的内涵是双向开放，打造“双循环”意味着我们既强调对外开放，

又强调对内开放。因此，要准确把握当前国内外形势变化，促进国内国际双循环；把改革开放与双循环紧密结合，以更大力度的改革开放，推动形成以国内大循环为主体、国内国际双循环相互促进的新发展格局。一方面，实行高水平对外开放，开拓合作共赢新局面。要拓展投资空间，积极参与全球经济治理体系改革，推动完善更加公平合理的国际经济治理体系。另一方面，畅通国内大循环，全面促进消费，加强供给侧改革，适应消费者、市场的最新需要；抓住"一带一路"的重大机遇，推动共建"一带一路"高质量发展，加快形成全方位开放的体制机制，建设更高水平开放型经济新体制。

五、以满足人民美好生活为根本目标推动共享发展

高质量的经济发展应使人民收入水平持续提高、人民共享发展成果。同时，让人民共享发展成果、不断提高人民收入也是中国特色社会主义市场经济的本质要求。人民收入水平的高低、是否共享发展成果是衡量经济是否处于高质量发展阶段的重要标准。实现共享发展理念，要提高人民收入水平，增强公共服务供给，坚持普惠性、保基本、均等化可持续发展。从解决人民最关心、最直接的现实利益问题入手；在教育、就业、社保、医疗等方面着重加强服务；建设高质量教育体系，强化就业优先政策，着力解决就业难、难就业等问题，创造更多就业岗位，规范完善公平公正就业体制；健全多层次社会保障体系，实施全面参保计划，降低参保费用，保障人口基本生活补贴，健全医疗服务体系。

参考文献

[1] 安树伟，李瑞鹏．高质量发展背景下东北振兴的战略选择［J］．改革，2018（7）：64－74.

[2] 安树伟，李瑞鹏．黄河流域高质量发展的内涵与推进方略［J］．改革，2020（1）：76－86.

[3] 钞小静，惠康．中国经济增长质量的测度［J］．数量经济技术经济研究，2009，26（6）：75－86.

[4] 钞小静，任保平．中国经济增长质量的时序变化与地区差异分析［J］．经济研究，2011，46（4）：26－40.

[5] 钞小静，薛志欣．新时代中国经济高质量发展的理论逻辑与实践机制［J］．西北大学学报（哲学社会科学版），2018，48（6）：12－22.

[6] 钞小静．推进黄河流域高质量发展的机制创新研究［J］．人文杂志，2020（1）：9－13.

[7] 陈凤仙．着力破解东北地区经济转型发展中的体制机制问题［J］．经济纵横，2017（12）：99－106.

[8] 陈强．高级计量经济学［M］．北京：高等教育出版社，2014.

[9] 陈诗一，陈登科．雾霾污染、政府治理与经济高质量发展［J］．经济研究，2018，53（2）：20－34.

[10] 陈晓东，金碚．黄河流域高质量发展的着力点［J］．改革，2019（11）：25－32.

[11] 程莉，王琴．经济结构变迁对经济高质量发展的影响：重庆市例证［J］．统计与决策，2020，36（1）：96－100.

[12] 崔连伟．区块链对数字经济高质量发展的影响因素研究［J］．时代金融，2020（24）：1－2.

[13] 崔树彬，张学峰，牛永生．从黄河流域社会经济发展论水污染趋势与对策［J］．水资源保护，1996（1）：12－15，37.

[14] 崔曦文，朱坚真．海洋经济高质量发展影响因素测度与实证研

究——基于主成分分析的实证［J］. 广东经济，2020（8）：66－73.

［15］代红才，张运洲，李苏秀，等. 中国能源高质量发展内涵与路径研究［J/OL］. 中国电力，2019（8）：1－11. http：//kns. cnki. net/kcms/detail/11. 3265. TM. 20190521. 1331. 029. html.

［16］杜相宏，周咏梅. 民营经济高质量发展的影响因素研究［J］. 财汇通讯，2020（17）：98－101.

［17］冯升波，周伏秋，王娟. 打造大数据引擎推进能源经济高质量发展［J］. 宏观经济管理，2018（9）：21－27.

［18］干春晖，郑若谷，余典范. 中国产业结构变迁对经济增长和波动的影响［J］. 经济研究，2011，46（5）：4－16.

［19］高同彪，刘云达. 东北地区城市群高质量发展研究［J］. 社会科学战线，2020（11）：245－250.

［20］光斗. 黄河流域开发规划纲要草案［J］. 新黄河，1951，2（5）：45－55.

［21］韩君，杜文豪，吴俊珺. 黄河流域高质量发展水平测度研究［J］. 西安财经大学学报，2021，34（1）：28－36.

［22］韩君，孟冬傲. 财政分权对生态环境的空间效应分析——来自省际面板的经验数据［J］. 财政研究，2018（3）：71－77.

［23］韩君，吴俊珺. 新时代我国能源高质量发展评价体系构建与测度研究［J］. 重庆理工大学学报（社会科学版），2020，34（3）：35－45.

［24］韩君，张慧楠. 中国经济高质量发展背景下区域能源消费的测度［J］. 数量经济技术经济研究，2019，36（7）：42－61.

［25］何春. 东北经济失速的政策性因素——基于"东北振兴"政策效果的再考察［J］. 经济体制改革，2017（1）：44－49.

［26］何冬梅，刘鹏. 人口老龄化、制造业转型升级与经济高质量发展——基于中介效应模型［J］. 经济与管理研究，2020，41（1）：3－20.

［27］何立峰. 推动高质量发展是大势所趋——国家发改委主任何立峰详解高质量发展内涵和政策思路［J］. 电力设备管理，2018（5）：25－27.

［28］胡小平. 以研发创新促进民营经济高质量发展的实证研究——以浙江民营企业为例［J］. 中国发展，2020，20（4）：4－6.

［29］华坚，庞丽. 科技金融视角下长江经济带经济高质量发展研究［J］. 资源与产业，2020，22（4）：12－22.

[30] 黄秉维. 编制黄河中游流域土壤侵蚀分区图的经验教训 [J]. 科学通报，1955 (12)：14，15-21.

[31] 黄速建，肖红军，王欣. 论国有企业高质量发展 [J]. 中国工业经济，2018 (10)：19-41.

[32] 金碚. 关于“高质量发展”的经济学研究 [J]. 中国工业经济，2018 (4)：5-18.

[33] 金凤君. 黄河流域生态保护与高质量发展的协调推进策略 [J]. 改革，2019 (11)：33-39.

[34] 李博，李清彬. 中国人均能源消费水平地区差距的发展与解释 [J]. 资源科学，2013，35 (6)：1194-1201.

[35] 李金昌，任保平. 黄河流域高质量发展的特殊性及其模式选择 [J]. 人文杂志，2020 (1)：1-4.

[36] 李金昌，史龙梅，徐蔼婷. 高质量发展评价指标体系探讨 [J]. 统计研究，2019，36 (1)：4-14.

[37] 李梦欣，任保平. 新时代中国高质量发展的综合评价及其路径选择 [J]. 财经科学，2019 (5)：26-40.

[38] 李伟. 夯实能源高质量发展的基础 [J]. 新经济导刊，2018 (10)：6-10.

[39] 李文星，韩君. “五大发展理念”背景下黄河流域的高质量发展测度 [J]. 洛阳师范学院学报，2020，39 (1)：1-10.

[40] 李勇，刘亚州. 青海生态系统服务功能价值量评价 [J]. 干旱区资源与环境，2010，24 (5)：1-10.

[41] 林伯强. 中国能源需求的经济计量分析 [J]. 统计研究，2001 (10)：34-39.

[42] 林光平，龙志和，吴梅. 我国地区经济收敛的空间计量实证分析：1978-2002 年 [J]. 经济学（季刊），2005 (S1)：67-82.

[43] 林宏伟，邵培基. 区块链对数字经济高质量发展的影响因素研究 [J]. 贵州社会科学，2019 (12)：112-121.

[44] 刘金玲，狄乾斌. 东北地区对外贸易现状及增长潜力研究 [J]. 生产力研究，2021 (2)：40-46.

[45] 刘瑞，郭涛. 高质量发展指数的构建及应用——兼评东北经济高质量发展 [J]. 东北大学学报（社会科学版），2020，22 (1)：31-39.

[46] 刘树成．论又好又快发展［J］．经济研究，2007（6）：4－13.

[47] 刘亚建．我国经济增长效率分析［J］．思想战线，2002（4）：30－33.

[48] 马茹，罗晖，王宏伟，等．中国区域经济高质量发展评价指标体系及测度研究［J］．中国软科学，2019（7）：60－67.

[49] 欧进锋，许抄军，刘雨骐．基于“五大发展理念”的经济高质量发展水平测度——广东省21个地级市的实证分析［J］．经济地理，2020，40（6）：77－86.

[50] 彭荣胜，覃成林．新形势下黄河流域经济空间开发存在的问题与对策［J］．经济纵横，2009（8）：117－119.

[51] 戚琳．新时代城市高质量发展水平测度及效率分解——以东北三省34个地级及以上城市为例［J］．东北财经大学学报，2020（1）：89－97.

[52] 钱娟，李金叶．技术进步是否有效促进了节能降耗与CO_2减排？［J］．科学学研究，2018，36（1）：49－59.

[53] 秦琳贵，沈体雁．科技创新促进中国海洋经济高质量发展了吗——基于科技创新对海洋经济绿色全要素生产率影响的实证检验［J］．科技进步与对策，2020，37（9）：105－112.

[54] 任保平，李禹墨．新时代我国高质量发展评判体系的构建及其转型路径［J］．陕西师范大学学报（哲学社会科学版），2018，47（3）：105－113.

[55] 任保平，张倩．黄河流域高质量发展的战略设计及其支撑体系构建［J］．改革，2019（10）：26－34.

[56] 任晓．高质量发展的内涵与路径［N］．温州日报，2018－02－26（006）.

[57] 师博，任保平．中国省际经济高质量发展的测度与分析［J］．经济问题，2018（4）：1－6.

[58] 史丹．经济增长和能源消费正逐渐脱钩［J］．理论导报，2017（7）：56.

[59] 宋冬林，邱赛男，范欣．东北地区高质量发展的测度及对策研究［J］．学习与探索，2021（1）：111－119.

[60] 宋明顺，张霞，易荣华，等．经济发展质量评价体系研究及应用

[J]. 经济学家, 2015 (2): 35-43.

[61] 苏明政, 徐佳信, 张满林. 东北振兴政策效果评估 [J]. 上海经济研究, 2017 (4): 112-117.

[62] 隋建利, 米秋吉, 刘金全. 异质性能源消费与经济增长的非线性动态驱动机制 [J]. 数量经济技术经济研究, 2017, 34 (11): 24-43.

[63] 田智宇, 周大地. "两步走"新战略下的我国能源高质量发展转型研究 [J]. 环境保护, 2018, 46 (2): 13-16.

[64] 童纪新, 王青青. 中国重点城市群的雾霾污染、环境规制与经济高质量发展 [J]. 管理现代化, 2018, 38 (6): 59-61.

[65] 王成金, 李绪茂, 谢永顺, 等. 新时代下东北地区高质量发展的战略路径研究 [J]. 中国科学院院刊, 2020, 35 (7): 884-894.

[66] 王慧艳, 李新运, 徐银良. 科技创新驱动我国经济高质量发展绩效评价及影响因素研究 [J]. 经济学家, 2019 (11): 64-74.

[67] 王积业. 关于提高经济增长质量的宏观思考 [J]. 宏观经济研究, 2000 (1): 11-17.

[68] 王伟, 王成金. 东北地区高质量发展评价及其空间特征 [J]. 地理科学, 2020, 40 (11): 1795-1802.

[69] 王伟. 中国经济高质量发展的测度与评估 [J]. 华东经济管理, 2020, 34 (6): 1-9.

[70] 王一鸣. 向高质量发展转型要突破哪些关口 [N]. 联合时报, 2018-04-13 (004).

[71] 未良莉, 李超. 长江经济带经济高质量发展非均衡性研究——基于 Dagum 基尼系数与空间统计分析方法 [J]. 合肥工业大学学报 (社会科学版), 2020, 34 (3): 15-21.

[72] 魏敏, 李书昊. 新时代中国经济高质量发展水平的测度研究 [J]. 数量经济技术经济研究, 2018, 35 (11): 3-20.

[73] 吴志军, 梁晴. 中国经济高质量发展的测度、比较与战略路径 [J]. 当代财经, 2020 (4): 17-26.

[74] 习近平. 我国经济已由高速增长阶段转向高质量发展阶段 [J]. 新湘评论, 2019 (24): 4-5.

[75] 习近平. 在解决"两不愁三保障"突出问题座谈会上的讲话 [J]. 当代党员, 2019 (17): 1-4.

[76] 肖攀，李连友，苏静．中国省域经济增长质量测度及其收敛性分析 [J]．财经理论与实践，2016，37 (4)：111 – 117.

[77] 肖仁桥，沈路，钱丽．新时代科技创新对中国经济高质量发展的影响 [J]．科技进步与对策，2020，37 (4)：1 – 10.

[78] 邢春娜．中国能源消费空间差异及其影响因素分解 [J]．西部经济管理论坛，2019，30 (1)：71 – 78.

[79] 徐辉，师诺，武玲玲，等．黄河流域高质量发展水平测度及其时空演变 [J]．资源科学，2020，42 (1)：115 – 126.

[80] 许永兵，罗鹏，张月．高质量发展指标体系构建及测度——以河北省为例 [J]．河北大学学报（哲学社会科学版），2019，44 (3)：86 – 97.

[81] 杨仁发，杨超．长江经济带高质量发展测度及时空演变 [J]．华中师范大学学报（自然科学版），2019，53 (5)：631 – 642.

[82] 杨伟民．贯彻中央经济工作会议精神推动高质量发展 [J]．宏观经济管理，2018 (2)：13 – 17.

[83] 袁晓玲，李彩娟，李朝鹏．中国经济高质量发展研究现状、困惑与展望 [J]．西安交通大学学报（社会科学版），2019，39 (6)：30 – 38.

[84] 张军扩，侯永志，刘培林，等．高质量发展的目标要求和战略路径 [J]．管理世界，2019，35 (7)：1 – 7.

[85] 张可云．失败论站不住脚　新一轮东北振兴如何精准定位 [J]．人民论坛，2015 (31)：36 – 38.

[86] 张彦军．流域开发与可持续发展研究——以黄河流域开发为例 [J]．河海大学学报，1997 (6)：67 – 70.

[87] 张有生，杨晶，高虎，等．改革取得新进展能源进入高质量发展的新时代——2017 年能源发展形势和政策建议 [J]．宏观经济管理，2018 (2)：31 – 37.

[88] 张宗娇，张强，顾西辉，等．水文变异条件下的黄河干流生态径流特征及生态效应 [J]．自然资源学报，2016，31 (12)：2021 – 2033.

[89] 章恒全，吴佳伟，秦腾．区域能源消费的分解框架 [J]．软科学，2018，32 (6)：1 – 5.

[90] 赵昌文．推动我国经济实现高质量发展 [N]．学习时报，2017 – 12 – 25 (001).

[91] 赵剑波，史丹，邓洲．高质量发展的内涵研究 [J]．经济与管理研究，2019，40 (11)：15－31.

[92] 赵进文，范继涛．经济增长与能源消费内在依从关系的实证研究 [J]．经济研究，2007 (8)：31－42.

[93] 赵儒煜，王媛玉．东北经济频发衰退的原因探析——从“产业缺位”到“体制固化”的嬗变 [J]．社会科学战线，2017 (2)：48－57.

[94] 郑新业，吴施美，李芳华．经济结构变动与未来中国能源需求走势 [J]．中国社会科学，2019 (2)：92－112，206.

[95] 朱启贵．建立推动高质量发展的指标体系 [N]．文汇报，2018－02－06 (012).

[96] Ang B. W., 2005, The LMDI approach to decomposition analysis: A practical guide [J]. Energy Policy, 33 (6), 867－871.

[97] Anselin L., 2010, Thirty years of spatial econometrics [J]. Papers in Regional Science, 89 (1), 3－25.

[98] Barro R. J., 2002, Quantity and Quality of Economic Growth [R]. Working Papers from Central Bank of Chile, 6 (5), 135－162.

[99] Elhorst, J. P. Spatial Econometrics: From Cross-sectional Data to Spatial Panels [M]. Heidelberg: Springer, 2014.

[100] Garbaccio R. F, Ho M. S., Jorgenson D. W., 1999, Why Has the Energy output Ratio Fallen in China [J]. The Energy Journal, 20 (3), 63－91.

[101] Harris R., Dong G. P, Zhang W. Z., 2013, Using contextualized geographically weighted regression to model the spatial heterogeneity of land prices in Beijing, China [J]. Transactions in GIS, 17 (6), 901－919.

[102] Kambara T., 1992, The Energy Situation in China [J]. China Quarterly, 131 (131), 608－636.

[103] Lin B., Ouyang X., 2014, Energy Demand in China: Comparison of Characteristics between the US and China in Rapid Urbanization Stage [J]. Energy Conversion and Management, 79 (3), 128－139.

[104] Lin X., Polenske K. R., 1995, Input-output Anatomy of China's Energy Use Change in the 1980s [J]. Economic Systems Research, 7 (1), 67－84.

[105] Peng L. H., Zeng X. L., Wang Y. J., Hong G. B., 2015, Analy-

sis of energy efficiency and carbon dioxide reduction in the Chinese pulp and paper industry [J]. Energy Policy, 80 (5), 65 -75.

[106] Sun J. W. , 1998, Accounting for Energy Use in China 1984 ~ 1994 [J]. Energy, 23 (10), 835 -849.

[107] Thomas, Vinod, Dailami, et al. The Quality of Growth [M]. New York: Oxford University Press, 2000.

[108] Zhang C. , Kong J. , 2010, Effect of Equity in Education on the Quality of Economic Growth: Evidence from China [J]. International Journal of Human Sciences, 7 (1), 47 -69.